नये मौसमों का पता

नये मौसमों का पता

सम्पादक
प्रदीप साहिल

वाणी प्रकाशन

प्रकाशन के उत्कृष्टतम 61 वर्ष

सजिल्द पहला संस्करण : 2001
सजिल्द दूसरा संस्करण : 2010
सजिल्द तीसरा संस्करण : 2024

vaniprakashan.com

वाणी प्रकाशन
4695, 21-ए, दरियागंज, नयी दिल्ली-110 002
फ़ोन : +91 11 23273167, 23275710
शाखाएँ
अशोक राजपथ, पटना-800 004, बिहार
कॉफ़ी हाउस कैम्पस, महात्मा गांधी मार्ग, प्रयागराज-211 001, उत्तर प्रदेश
महात्मा गांधी अन्तरराष्ट्रीय हिन्दी विश्वविद्यालय, वर्धा-442 001, महाराष्ट्र
36/ए, शेक्सपियर सरणी, रानी बिरला गर्ल्स कॉलेज के पास, कोलकाता-700 017, प. बंगाल
sales@vaniprakashan.in
vaniprakashan@gmail.com

Naye Mausamon Ka Pata
by Bashir Badra
edited by Pradeep Sahil

ISBN : 978-81-7055-800-2
Ghazals

मूल्य : ₹ 495

सिटी प्रेस, दिल्ली-110 095 में मुद्रित

वाणी प्रकाशन का लोगो मक़बूल फ़िदा हुसेन की कूची से

अनुक्रम

दूरदर्शन (सुबह-सबेरे) में कल्चर यक्साँ पर बातचीत 9
कल्चर यक्साँ 15
संपादक की बात 21
यह लिप्यन्तर...? 48
धूप की पत्तियाँ और हरा रिबन 59
विद्वानों की नज़र में बशीर बद्र 62
इब्तदा 'अफ़ेक्शन' की...! 73
आधुनिक ग़ज़ल की आबरू : बशीर बद्र 75
मुलजिम का बयान 79
ग़ज़लगोई उर्फ बशीर बद्र 84
सोला सिंगार करने वाला मर्द—बशीर बद्र 87
उर्दू शाइरी के मिज़ाज की पड़ताल 89
संवेदना व संवेग को स्पर्श करती ग़ज़लें 92
अलग मिज़ाज 95
अल्लाह-हाफ़िज 97

अनुक्रम

नये मौसमों का पता

दूरदर्शन (सुबह-सबेरे) में कल्चर यक्साँ पर बातचीत

डॉ. नामवर सिंह

इंटरव्यू लेने वाले—मुकेश कुमार

मुकेश कुमार—बशीर बद्र कुल्यिात में ये शे'र है—

दुनिया भर के शहरों का कल्चर यक्साँ,
आबादी तन्हाई बनती जाती है।

क्या इस शे'र को हम उनकी शायराना सोच का दर्पण कह सकते हैं।

डॉ. नामवर सिंह—ज़रूर-इस शे'र में इस तरफ़ इशारा है कि सारी दुनिया में और खासतौर पर बड़े शहरों में टेक्नालॉजी की यक्सानियत ने कल्चर में भी यक्सानियत पैदा की है। खाने-पीने, पहनने-ओढ़ने में यक्सानियत नुमाया है और इस यक्सानियत की ज्यादती में बहुत से इंसानों को तन्हाई महसूस होती है। ज़िंदगी में कुछ नया-नया सा इंसान के लिए न हो तो इंसानी अमल को मशीनों जैसा हो जाने का धड़का रहता है। इस सिलसिले में मुझे अंग्रेज़ी की मशहूर किताब Lonely Crowd भीड़ में इंसान के तन्हा हो जाने का एहसास याद दिलाती है। आज ग़ज़ल में भीड़ में तन्हाई के तजुरबे आने लगे हैं।

मुकेश कुमार—तो क्या बशीर बद्र की पूरी शाइरी इसी तन्हाई का दर्पण है ?

डॉ. नामवर सिंह—नहीं, बशीर बद्र की ग़ज़ल का दर्पण सिर्फ़ इस शहरी तन्हाई का दर्पण नहीं है। वो ज़िंदगी का दर्पण है। कल्चर यक्साँ का (Mataphor) इस्तअप्रा इस तरफ़ इशारा है कि आज जाँत-पाँत मज़हब इलाकों के जो मख़सूस अलगाव थे उनमें असरी और वक़्ती मुमासिलत ने फासले कम कर दिए हैं और मुश्तरिका शहरी कल्चर हावी हो रहा है। कभी-कभी उसका हावी होना ज़िंदगी जैसा लगता

है। लेकिन कभी-कभी उसमें दूसरा रुख़ पैदा हो जाता है और ज़िंदगी के नन्हे-मुन्ने जज्बों के साथ ज्यादती हो जाती है। ग़ज़ल दोनों एहसास का संतुलन चाहती है।

मुकेश कुमार—बशीर बद्र के कल्चर यक्साँ का उर्दू अदब में क्या मुक़ाम होगा ?

डॉ. नामवर सिंह—मैं बसंत प्रताप सिंह की तारीफ़ करूँगा कि उन्होंने बशीर बद्र की ग़ज़ल की हिंदी-उर्दू की किताबों को सामने रखकर और फिर शाइर से वज़ाहतें लेते हुए अपने एडीटिंग की जिम्मेदारियों को समझा और बरता है। ये कोई आसान काम नहीं, ये गिराँक़दर कारनामा है बसंत प्रताप सिंह का।

इकाई, इमेज, से आमद तक और उसके बाद नई ग़ज़लें कुल्यात में शामिल हैं। इस तरह बशीर बद्र की तीस बरसों की रियाज़त और आज़माइशों का कारनामा हमारे सामने आया है, जब बशीर बद्र की पहली किताब इकाई 69 में आई थी, ग़ज़ल की दुनिया में तहलका मच गया था। मुझे बशीर बद्र की लंबी बहर का एक शे'र याद आ रहा है। बशीर बद्र की इनफिरादीयत लंबी बहरों में और ज्यादा नुमाया होती है। ये शे'र उनकी तरज़ो-फ़िक्र तख़लीक़ी मसाइल की तरफ़ इशारा कर रहा है।

बज़्मे आज़माइश है लोग अपने शे'रों में तारे तोड़ लाते हैं,
बद्र अच्छा मौक़ा है दिल की बात कह जाओ वो भी सुनने आये हैं।

बद्र इस आज़माइश में कामयाब हुए—तारे तोड़कर लाए और सुनने वालों के दिल में उतर गए। वो ऐसे तारे लाने में कामयाब हुए जो उर्दू ग़ज़ल के सरमाये में इज़ाफा कर रहे हैं।

दरअसल ग़ज़ल बड़ी रिवायती सनफ़े सखून है। बड़े-बड़े शायरों ने इन रिवायतों को मजबूत तर किया है। इसके बाद ग़ज़ल में नई तर्ज़, नया इज़हार और नई ज़ुबान का इज़ाफा आसान नहीं था। इस सिलसिले में फैज़-अहमद-फैज़ जैसे अच्छे शाइर भी कोई बड़ा कारनामा नहीं कर सके जिसे हम ग़ज़ल में इज़ाफा कहें ये हमारे अहद में सिर्फ़ बशीर बद्र का यह कारनामा है।

मुकेश कुमार—बशीर बद्र के चंद शे'र हर तबक़े के लोगों की ज़ुबान पर चढ़ गए हैं और मुझे लगता है कि बशीर बद्र इस सदी के सबसे मकबूल शाइर हैं।

डॉ. नामवर सिंह—ये तो सही बात है मैं मिसाल के लिए एक शे'र पढ़ता हूँ। क्या ये ग़ज़ल में नया कारनामा नहीं है।

कोई फूल धूप की पत्तियों में हरे रिबन से बँधा हुआ है,
वो ग़ज़ल का लहज़ा नया-नया न कहा हुआ न सुना हुआ।

रिबन अंग्रेज़ी का लफ़्ज़ है लेकिन किस ख़ूबसूरती और हुनरमंदी से हिंदुस्तानी ग़ज़ल में आया है। अब आप नहीं कह सकते कि यह हमारी ज़ुबान का लफ़्ज़ नहीं है।

मुकेश कुमार—बशीर बद्र का शायद यही ग़ज़ल में बड़ा कारनामा है कि अरबी और फ़ारसी से मुतासिर जो ज़ुबान और मुहावरा था और उसका जो पुराना मंज़र नामा था उससे आगे बढ़कर आज की ज़िंदगी असरी ज़ुबान और नए मिज़ाज का नया हिंदुस्तान का मंज़रनामा उनकी ग़ज़ल हो गई है।

डॉ. नामवर सिंह—बेशक जहाँ तक ज़ुबान का मामला है उन्होंने खुद एक जगह कहा है—

मीर, कबीर, बशीर इसी मकतब के हैं,
आ दिल के मकतब में अपना नाम लिखा।

मीर, कबीर और बशीर एक साथ जो नाम आए हैं ये दरअसल इसी हक़ीक़ी ज़ुबान का तससुल हैं जो यहाँ के लोग बोलते हैं और यही ज़ुबान परवान चढ़ी है। अवाम की बोलचाल की ज़ुबान उसमें अरबी, फ़ारसी और अंग्रेज़ी ज़ुबान हमारी सदियों की ज़िंदगी और उसकी तहज़ीब में रच बस कर आए हैं। और अब हिंदुस्तानी मिज़ाज और हिंदुस्तानी आत्मा का मुनासिब इजहार हैं। बशीर बद्र से पहले बरसों से आलमी लहजे के जो लफ़्ज़ हमारी ज़िंदगी और हमारे शहरों में आ गए थे लेकिन ग़ज़ल के लिए खुरदुरे थे। यही खुरदुरे लफ़्ज़ अब बशीर बद्र की ग़ज़ल में नरम-सच्चे और मीठे हो गए हैं। आज की ज़िंदगी का एहसास उनकी ग़ज़ल है और वो ग़ज़ल की दुनिया में यक्ताँ हैं। आज ग़ज़ल का कोई तज़किरा बशीर बद्र के बगैर मुकम्मल नहीं हो सकता।

मुकेश कुमार—बद्र साहब की ग़ज़ल का कैनवास आम ग़ज़लों से बड़ा और भरपूर है। इसमें इश्क मुहब्बत भी है और इंसान का समाजी सरोकार भी। आज की ज़िंदगी और उसके मसाईल से उनकी ग़ज़ल आज की ग़ज़ल है।

डॉ. बशीर बद्र से जब मिला था तो लगा ज़िंदगी ने एक और अहसान किया।

डॉक्टर साहब को मिलने से पहले उनके कुछ अशआर[1] मेरे सीने में पैवस्त[2] थे जिन्हें कोई चारागर[3] निकाल नहीं पाता था, रहने दूँ ! तो दर्द होता था। निकाल दूँ ! तो ज़ख़्म बन जाते थे–

औराक़[4] में छुपाती थी अक्सर वो तितलियाँ,
शायद किसी किताब में रक्खा हुआ हूँ मैं।

इस शे'र को सीने से निकालना आसान काम नहीं था–

ये ज़ाफ़रानी पुलोवर उसी का हिस्सा है,
कोई जो दूसरा पहने तो दूसरा ही लगे।

डॉक्टर साहब के क़लाम में एक कमाल की खूबी है–वो हर उम्र में हमउम्र लगते हैं। इन दोनों ही शे'रों में वो मुझे नार्थ के किसी कॉलेज में सायकल पर गर्लफ्रेंड को लिए घूमते नज़र आते हैं। ज़ाफ़रानी-पुलोवर भी नज़र आता है। पुलोवर को न स्वेटर कह सकते हैं, न कोटी कह सकते हैं, न कुछ और ! पुलोवर ही कह सकते हैं। ये ज़बान डॉक्टर साहब ने मॉडर्न ग़ज़ल को दी है, मैं उन्हें मॉडर्न ग़ज़ल का अलमबरदार[5] समझता हूँ। हालाके मैं हूँ क्या... ? समझने वाला ! या कुछ कहने वाला !...लेकिन महसूस करने वाला तो हूँ।

उनकी ग़ज़ल सुनकर आज ही के दौर का अहसास होता है। आज ही की ज़िंदगी के रिफ़्लेक्शंस नज़र आते हैं। उनकी ग़ज़ल कुल्ले, साफ़े पहनी ग़ज़ल नहीं लगती–

---

1. शे'र, 2. सटे हुए, 3. चिकित्सक, 4. पन्नों में, 5. ध्वजावाहक।

गुज़ारे हमने कई साल ऐसे दफ़्तर में,
कुआँरी लड़की रहे जैसे ग़ैर के घर में।

ख़ुदा का शुक्र, अभी तक है अपने जिस्मों में,
वो एक फ़र्क़ जो होता है मादा और नर में।

मुशाहदे[1] रोज़मर्रा की ज़िंदगी से उठाए हुए नज़र आते हैं–

जैसे कि सारे शहर की बिजली चली गई,
आँखें खुली-खुली थीं मगर सूझता न था।

आवाज़ फड़फड़ा के वहीं दफ़्न हो गई,
सीने में ग़ालिबन कोई बिजली का तार है।

डॉक्टर साहब की ग़ज़ल में कहीं-कहीं नज़्म का रस भी मिलता है। महज़ क़ाफ़ियों की गिरहबंदी नहीं करते। दो शे'रों के बाद जैसे एक नुक़्ते के गिर्द पूरे एक सब्जेक्ट का दायरा बनाने लगते हैं–

शहर में एक बाग़ है और बाग़ में तालाब है,
तैरती हैं उसमें सातों रंग वाली औरतें।

नाजुकी देखिए–

मौतदिल कर देती हैं ये सर्द-मौसम का मिज़ाज,
बर्फ़ के टीलों पे चढ़ती धूप जैसी औरतें।

और तेवर देखिए–

सैकड़ों ऐसी दूकानें हैं जहाँ मिल जाएँगी,
धात की, पत्थर की, शीशे की, रबर की औरतें।

उनकी ग़ज़ल का शे'र सिर्फ़ एक ख़याल नहीं रह जाता हादसा भी बन जाता है, अफ़साना भी !

गर्म कपड़ों का संदूक मत खोलना वर्ना यादों की काफ़ूर जैसी महक,
खून में आग बन कर उतर जाएगी सुब्ह तक ये मकाँ ख़ाक हो जाएगा

दिल और दर्द का रिश्ता देखिए किस खूबी से बयाँ करते हैं–

---

1. अनुभव।

सीने से लगके काटता रहता है रात-दिन,
दर्या का नर्म मिट्टी से क्या इख़्तलाफ़ है।

मैं डॉ. बशीर बद्र का एक बहुत बड़ा 'फ़ैन' हूँ।

आलोक ने इस मज़मुए पर बड़े खुलूस और 'अफ़ेक्शन' के साथ काम किया है। जिस मोहब्बत से वो डॉक्टर साहब का ज़िक्र करता है, वो सुन कर उस पर ज़ियादा ही लाड़ आने लगता है।

—गुलज़ार

कल्चर यक्साँ

डॉ. बशीर बद्र द्वारा सन् 1985 में लिखा गया एक ख़त जो सन् 2035 में ग़ज़ल पढ़ने-सुनने वालों के नाम है।

दोस्तो, यह ख़त तो आप पढ़ सकते हैं, लेकिन मैं इसका जवाब नहीं पढ़ पाऊँगा :

कागज़ और क़लम शाहिद हैं, लफ़्ज़ों की उम्मत झूठी है,
आधी रात का तन्हा आँसू, पाक नहीं है आँखों में।

'तहसीने-नाशनास सुकूने-सुख़न शनास' जैसे बेतह कुल्लियों पर ग़ौर करें।

पहला सवाल है कि सुख़न शनास की पहचान कैसे होगी। गप को इल्हाम बनाने वाले मुहम्मद हुसैन आज़ाद क्या वाक़ई सुख़न शनास थे, जो ग़ालिब को नीम शाइर और ज़ौक़ को अफ़लीमे सुख़न का शहनशाह समझते थे ? क्या निगार वाले नियाज़ फ़तेहपुरी और शोबए-फ़ारसी वाले ज़िया अहमद बदायूनी वाक़ई नाशनास थे, जो मोमिन ख़ाँ की मामलाबंदी को ग़ालिब की ग़ज़ल से कहीं ज़्यादा अहम समझते थे ? और क्या बिजनौर वाले अब्दुल रहमान सच्चे सुख़न शनास थे जो कलामे-ग़ालिब को वेदे-मुकद्दस के बराबर जानते थे। बात ये है कि फ़ारसी गज़ीदा उर्दू को ग़ज़ल मानना सुख़न फ़हमी नहीं है। ज़बान और उसकी शाइरी एक रवाँ-दवाँ दरिया है, जो वक़्त के साथ मिज़ाज बदलता रहता है। एक ज़माना था जब उर्दू, फ़ारसी और अरबी के आईने में सँवरती थी, लेकिन आज वही फ़ारसी और अरबी गज़ीदा उर्दू ग़ैर-जमालियाती उर्दू है।

इल्म को ग़रज़ोगारत ज़िंदगी को जानना, ज़्यादा खूबसूरत कार आमद और मा'नीख़ेज बनाने का अमल हैं। कई बरस की बात है, कि दिल्ली के इण्डो-पाक मुशायरे में मैंने ये शे'र कहे थे—

जी बहुत चाहता है सच बोलें,
क्या करें हौसला नहीं होता।

उस मुशायरे का कन्वीनर, क्लर्क से तरक़्क़ी करते-करते हिंदुस्तान की एक मशहूर कंपनी का जनरल मैनेजर बना था। जो उर्दू बिलकुल नहीं जानता था, उसने कहा, ''डॉ. साहब मुशायरा लूटना मुबारक हो, लेकिन शे'र तो आपने पिछले साल पढ़ा था और वो शे'र यूँ था—

किसी की राह में दहलीज पर दिए ना रखो,
किवाड़ सूखी हुई लकड़ियों के होते हैं।''

मैंने सर झुका लिया। शायद मैंने ठीक समझा था कि उसको इस मुशायरे के पसंदीदा शे'र अच्छे नहीं लगे।

मैंने जब ग़ज़ल की गोद में आँख खोली थी तो उर्दू ग़ज़ल ढाई-तीन सौ साल का सफ़र इस मकसूस अंदाज़ से तय कर रही थी कि मुझे कहना पड़ा—'ग़ज़ल में तग़ज़्ज़ुल की इसतिलाह अपनी तमाम जमाईयत और ख़ूबियों के बावजूद जाबिराना हद तक इतनी रवायती है कि नए-से-नए इन्फ़िरादी तजरबे को भी पुराने अलायम में ही बयान किया जा सकता है। ग़ज़ल की ज़बान तयशुदा है और उसी तयशुदा ज़बान में और उन्हीं पुराने रमूज़ो अलायम में हम अपने इन्फ़िरादी अहसासात को बयान कर सकते हैं। मिसाल के तौर पर इक़बाल की ग़ज़ल की दुनिया पुरानी ग़ज़ल की दुनिया से बिलकुल मुख़्तलिफ़ है, लेकिन उन्होंने पुराने लफ़्ज़ों से ही अपनी नई दुनिया बनाई है। गोया ग़ज़ल नाम है पुराने लफ़्ज़ पुरानी अलामत पुराने इज़हार का। चाहे बात नई हो या पुरानी। मेरा ये कहना है कि इस तरीक़ा-ए कार में शे'र कभी आज़ादाना तौर पर अपनी मानवीयता का इज़हार कर सकता। इसलिए कि एक लफ़्ज़ मैकदा मीर के यहाँ तसव्वुफ़ का हुजरा, दाग़ के यहाँ शराबख़ाना, इक़बाल के यहाँ ख़ान-ए-काबा और दयारे रसूल और फ़ैज़ के यहाँ कम्युनिस्ट पार्टी के दफ़्तर का इस्तेआराँ होगा। इसलिए ज़रूरी है ऐसे हर शे'र के साथ शाइर की हिस्ट्री भी साथ-साथ चले।

हमारे अहद में नए इज़हार की तलाश में मुख़्तलिफ़ सिम्तों का सफ़र हुआ है। क़ुदरती मनाज़िर और रोज़ाना की ज़िंदगी से इस्तेआरे और अलामते ली गई। इस नई ज़िंदगी की तरजुमानी नए अल्फ़ाज़ से मुमकिन हो सकी, ख़ास तौर से अंग्रेज़ी से ऐसे लफ़्ज़ नागुज़ीर हुए, जो हमारी बोलचाल में उर्दू हो गए थे। अभी तक ग़ज़ल में गीतों की देहाती बोली को भी ग़ज़ल नहीं बनाया जा सका था और अंग्रेज़ी के साथ अंग्रेज़ी से आया हुआ लफ़्ज़ ग़ज़ल को ग़ज़ल के बजाय हज़ल बना देता था, हमारी शे'री जसारत ने और वक़्त के बदलते हुए मिज़ाज ने नई ज़िंदगी के नए लफ़्ज़ों में ग़ज़ल की रमजीयत, तहदारी, हुस्न और वक़ार अता किया। आज ग़ज़ल की ज़बान का आलम मीर का मिज़ाज और आहंग है।

हिंदुस्तान और पाकिस्तान की तमाम छोटी और बड़ी जुबानों की ग़ज़ल अपने

दाख़िली और तख़्लीफी मिज़ाज से एक हो रही है। ग़ज़ल दस साला शऊर और हजार साला तहज़ीबी लाशऊर का नग़मा है। ग़ज़ल अब ख़ुद एक बड़ी ज़बान है, एक नई तहज़ीब है, जिसमें उर्दू, हिंदी, फ़ारसी, अरबी, पंजाबी, सिंधी, बंगाली, गुजराती व ब्रजभाषा से लेकर दक्षिण की ग़ैर-आर्यायी ज़बानों की ख़ुशबू शामिल है। हालिया सौ साल के सफ़र में अंग्रेज़ी का रंग भी ग़ज़ल के दरिया में घुल गया है। ग़ज़ल के बड़े शाइर अकसर तमाम उम्र ग़ज़ल और ज़बान के रिश्तों को अपनी शख़्सियत के वसीले के दरयाफ़्त करते रहे हैं। मीर और ग़ालिब ग़ज़ल के जबरदस्त किरदार हैं, लेकिन हर अहद की ग़ज़ल, उनकी ज़बान को अपने तौर पर कुबूल करती है और अपने तौर पर रद्द करती है। आज की ग़ज़ल ने मीर के उस लहजे को रद्द कर दिया जिसमें वो अहले दुवल के लड़कों से न मिलने का मशविरा देते थे। ग़ालिब की 'कावे-कावे' सख़्तजानी की कोई कद्र नहीं हुई, क्योंकि ग़ज़ल ख़ुद, ग़ज़ल के हर शाइर से बड़ा किरदार है।

1947 से आज तक किताबी और निसाबी उर्दू का ज़वाल हुआ है। उर्दू ज़बान के लिए ये नुक़सान तकलीफ़देह हो सकता है। लेकिन ज़बान के इस नुक़सान से ग़ज़ल का कुछ नहीं बिगड़ा, क्योंकि ग़ज़ल की ज़बान, किताब और निसाब की मोहताज नहीं रही।

जब इनक़लाब और तक़सीम की आँधी ने उर्दू की किताब को भारत में वरक़-वरक़ बिखरा दिया और पाकिस्तान के दफ़्तर की ज़बान बना डाला, तो ग़ज़ल, भारत की बेइल्तेफ़ाती और पाकिस्तान की आईनी मुहब्बत से बड़ी हद तक महफ़ूज रहकर, घरों, बाज़ारों, मेलों-ठेलों, खेल-तमाशों, फ़िल्मों और मौसीक़ी की महफ़िलों के रास्ते, अपना सफ़र तय करती रही। ये ग़ज़ल थी, जिसने दोनों मुल्कों में उर्दू ज़बान को बचा लिया। ग़ज़ल चाँदनी की उँगलियों से फूल की पत्तियों पर शबनम की कहानियाँ लिखने का फ़न है। और ये धूप की आग बनकर पत्थरों पर वक़्त की दास्तान लिखती रहती है। ग़ज़ल में कोई लफ़्ज़ ग़ज़ल का वकार पाए बगैर शामिल नहीं हो सका। आजकल हिंदुस्तान में अरबी, फ़ारसी के वही लफ़्ज़ चलन बाहर हो रहे हैं जो हमारे नए मिज़ाज का साथ नहीं दे सके और उसकी जगह दूसरी ज़बानों के अलफ़ाज़ उर्दू बन रहे हैं।

हिंदुस्तान जितना अज़ीम मुल्क है उससे ज़्यादा मानी'ख़ेज भी है। उर्दू के नाम पर इस मुल्क ने वही भुलाया है जो भुलाया जा सकता था। अब पुरानी दिल्ली और पुराना लखनऊ ही कहाँ है जो देहलवी और लखनवी ज़बान के खूबसूरत लटके व मजलिसी फिकरे याद रखे। वक्त के साथ जो कुछ बदलना था, भारत में तेज़ी से बदल गया। पाकिस्तान में चुपके-चुपके बदल रहा है।

ग़ज़ल के शे'र की ज़बान सरकारी और किताबी नहीं है। ये बादलों और हवाओं का रंग है, धूप और साए की जबाँ है। देखिए ग़ालिब इंसानी ज़हन की बलन्दियों,

पस्तियों, अय्यारियों और मासूमियतों का अजूबा थे। ग़ालिब के अंदर कम-अज-कम दस मुख़्तलिफ़ ग़ालिब थे और सब एक-दूसरे से लड़कर एक नया ग़ालिब बनाते थे। इन बड़े ग़ालिबों में सबसे कमज़ोर ग़ालिब वो हैं, जो जज़्बों की सदाकत से ज़्यादा अरबी और फ़ारसी ज़बान की पेचीदा अक़्ली तराकीब का शिकार हो जाता है। मेरे नज़दीक ग़ालिब के कलाम का वो हिस्सा कमज़ोर ग़ज़ल और बुरी ज़बान का बेहतरी मॉडल है। इस कमज़ोर हिस्से को ग़ालिब खुद भी बड़ी हद तक दफ़न कर गए थे और बाक़ी हिस्से को वक़्त ने उर्दू के निसाबी मुदर्रिसों की तहरीरों में दफ़्ना दिया। ग़ालिब के ये मुकल्लिद पूरे ग़ालिब से मुतास्सिर न होकर उनकी गैर-ग़ज़लिया ज़बान की नक़्लें उतारते रहे। ऐसे नाशाइरों की तकलीद से ग़ज़ल का क्या नुक़सान हुआ ?

अज़ीज़ सफ़ी साकिब और वहशत वग़ैरा का ग़ालिब की इस ज़बान की नक़्ल में ज़रूर नुक़सान हुआ ये लोग तीसरे दर्जे के अच्छे शाइर हैं और जब उन्होंने ग़ज़ल की ज़िंदा ज़बान से रिश्ता रखा है तो अच्छे शे'र कहे हैं, लेकिन जब फ़ारसीज़दा कमज़ोर ग़ालिब की नक़्ल बनाई तो एक भी क़ाबिले-ज़िक्र मिसरा न कह सके।

ग़ज़ल की ज़बान बोलचाली ज़बान का तहजीबी इज़हार है। ग़ज़ल कोई नया लफ़्ज़ उस वक़्त क़बूल करती है, जब वह लफ़्ज़ हमारी तहज़ीब और मिज़ाज में रच-बस जाए। मसलन अंग्रेज़ी का लफ़्ज़ है, 'माईल' डेढ़ सौ साल में उर्दू ग़ज़ल का मील बनकर, इस शे'र का हिस्सा बना।

कई मील रेत को काटकर कोई मौज फूल खिला गई,
कोई पेड़ प्यास से मर रहा है नदी के पास खड़ा हुआ।

दूसरी ज़बान का मुहावरा भी उर्दू-हिंदी बनने में वक़्त लेता है। कीप डिस्टेंस ग़ज़ल में आते-आते इस तरह आया है—

कोई हाथ भी न मिलाएगा जो गले मिलोगे तपाक से,
ये नए मिज़ाज के शहर है ज़रा फ़ासले से मिला करो

किताब से ग़ज़ल की ज़बान नहीं सीखी जा सकती। ग़ज़ल की ज़बान से चुपके-चुपके किताब तकवीयत पाती है।

1955 में मुझे यकीन हो गया था कि ग़ज़ल की असास, जज़्बों की अनोखी सदाकत के साथ-साथ ज़बान की ज़िंदा और बदलती हुई कूवत और लताफ़त पर रखनी चाहिए। जिन नए लफ़्ज़ों की शमूलियत से ग़ज़ल, हज़ल हो जाती थी उनको ग़ज़ल बनाने की बड़ी कशमकश, जेहनी तनाव और रवायात के दबाव में नए ज़ेहन ने अपनी ज़ुबान तलाश की। आज वो असलूब उर्दू तनक़ीद की बदयानती और न

फ़हमी के तमाम हरबों के बावजूद ग़ज़ल का नया असलूब बन गया है।

सवाल ये है कि आप सन् 2035 के पढ़ने वालों को, सन् 1985 की ग़ज़लों द्वारा ख़त लिखने की क्या ज़रूरत पेश आई, अगर खत लिखने का हौसला करोड़ों नई ग़ज़ल के सुनने वालों ने दिया तो उसी के साथ-साथ आपको ये भी बताना जरूरी है कि इस वक़्त ये नई ग़ज़ल उन शाइरों और तनक़ीद निगाएँ से घिरी हुई है जो शे'र लिखते हैं तो ग़ालिब और तनक़ीद लिखते हैं तो अब्दुल रहमान बिजनौरी।

ये अनगिनत ग़ालिब उस ग़ज़ल के सामने आजिज़ और मजबूर हैं जो सोचने से ज्यादा महसूस करने वाली ग़ज़ल है ये सब लोग गुलशने-नाआफ़रीदा का इंतज़ार कर रहे हैं, इसके ये सब बुलबुल हैं। इन्हें इक्कीसवीं सदी की आहट बिलकुल महसूस नहीं हो रही है।

आज ग़ज़ल का मसला क्या है उर्दू ग़ज़ल पढ़ने वाले लाख-सवा लाख हैं तो उसी उर्दू ग़ज़ल को देवनागरी लिपि में, ग़ज़ल गायकी में, ज़िंदगी की गुफ़्तगू में हिंदुस्तान-पाकिस्तान क्या दुनिया के मुख़्तलिफ़ हिस्सों में, करोड़ों-करोड़ हैं। इस बड़ी ताकत का अंदाज़ा हमारे उन किताबी नक़्क़ादों को नहीं हो रहा है, जो आज की ग़ज़ल को फ़ारसी ग़ज़ल की उतरन समझते हैं। मेरा ख़्याल है उर्दू के ऐसे किमखुरदा अल्फ़ाज़ नासेह, ज़ाहिद वाईज, दारोरसन, चारागर, ईसा, नफ़स, क़फ़स, सैयाद, गुलचीं, कावे-कावे, वयक्कफ़-बुरदन, सददिल जैसे 50 अल्फ़ाज़ के बजाय हज़ारों ज़िंदगी के अल्फ़ाज़ को बरतते हैं। इस बोली जाने वाली जदीद लफ़्ज़ीयात का बड़ा हिस्सा ग़ज़ल की ज़बान बनता जा रहा है। हमारे अहद में सच्ची ग़ज़ल के दो दुश्मन थे एक तो यही, जिनका ज़िक्र हो रहा है यानी उर्दू को अरबी और फ़ारसी की बाँदी समझने वाले और दूसरे मुशायरों में नाचने और गाने वाले फ़ारसी और अरबी के ये ग़ालिब, अहसासे-कमतरीं में मुब्तिला जब मुशायरे में बुलाए जाते हैं तो सर के बल जाते हैं और गालियाँ बकते वापस आते हैं और दूसरी तरफ़ मुशायरे को क़व्वाली की महफिल समझने वाले क़व्वाल और नौटंकी का बदल बनाने वाले अदाकार। न वो शाइर हैं, न ये शाइर हैं।

आपके अहद में ग़ज़ल रवाँ-दवाँ हैं, उसका आगाज इस तरह की ग़ज़ल से हुआ है, जिसका नमूना ये किताब है। इस किताब में नई लफ़्ज़ीयात नए रवैये नए इफ़्तेयारे ज़िंदगी के रास्ते से आए हैं। इस नए लहजे में वक़्त के साथ चलने तब्दील होने और ज़िंदा रहने की सलाहियत है। इसकी मक़बूलियत के सामने हाफ़िज और सादी की फ़ारसी ग़ज़ल की उर्दू नक़्ल बनाने वाली ग़ज़ल माज़ी की कहानियाँ होकर रह गई हैं इस ग़ज़ल का अपना हिंदुस्तानी शजरा और अपना हसब और नसब है। ये आज के ग़ज़लिया अहसासात का नग़मा है।

कोई फूल धूप की पत्तियों में हरे रिबन से बँधा हुआ,
वो ग़ज़ल का लहजा नया-नया न कहा हुआ न सुना हुआ।

आप मेरे शुक्रगुज़ार हैं, तो मैं भी आपका शुक्रिया अदा करता हूँ। अगर आप मुझे मातूब समझते हैं, तो इससे क्या फ़र्क़ पड़ता है कि मैं आपकी गली की ख़ाक हो चुका हूँ। मैं खुद को याद दिला रहा हूँ कि ये 1985 में लिखा गया ख़त है, जो आधी सदी के बाद के ग़ज़ल के मुहाफ़िज़ों के नाम है।

आमद-1985 **—डॉ. बशीर बद्र**

संपादक की बात

12 मई, 1997 को ग्वालियर में श्रीलंका और पाकिस्तान के बीच 'इंडिपेंडेंस कप' के एक दिवसीय क्रिकेट मैच की पूर्व संध्या पर दोनों टीमों के लिए आयोजित रात्रिभोज में, भी आमंत्रित था। पाकिस्तान के कोच मुश्ताक़ मुहम्मद के साथ चर्चा के दौरान प्रसंगवश मैंने एक मिसरा कहा—

'कुछ तो मजबूरियाँ रही होंगी',

मैं अगला मिसरा कह सकूँ इसके पूर्व ही मुश्ताक़ ने इसे लपक लिया—

'यों कोई बेवफ़ा नहीं होता'।

मुझे तो ख़ैर यह पता नहीं ही था, शायद मुश्ताक़ भी नहीं जानते थे कि यह शे'र डॉ. बशीर बद्र ने कहा है। शाइर की यह असाधारण पहुँच सिर्फ़ उसके शे'र के वसीले से बनी थी।

ग्वालियर से स्थानांतरित होकर जब भोपाल आया तब डॉ. बशीर बद्र से मुलाक़ातें हुईं। उन्हें और उनके कृतित्व को बहुत नजदीक से जानने-समझने का अवसर भी प्राप्त हुआ। उनकी रचना का वह स्वरूप भी सामने आया जो अभी तक पढ़ने-सुनने में नहीं आया था। उनकी निष्कवच सादगी और भाषिक गेयता ने मुझे सर्वाधिक प्रभावित किया। वे मुझे हमेशा मेरी भाषा के कवि लगे। शायद इसीलिए हिंदी भाषियों के बीच भी वे लोकप्रियता के शिखर पर हैं। डॉ. रोहिताश्व अस्थाना ने तो अपनी पुस्तक 'हिंदी ग़ज़ल : उद्‌भव और विकास' में उन्हें बाकायदा हिंदी ग़ज़लकार की श्रेणी में शामिल किया है। उर्दू और हिंदी ग़ज़ल के लिए उनके अवदान का उसकी संपूर्णता में प्रामाणिक तौर पर आकलन के लिए उनका संपूर्ण कृतित्व, एक ही स्थान पर उपलब्ध कराना अनिवार्य प्रतीत हुआ।

डॉ. बशीर बद्र की अब तक की प्रकाशित सभी पुस्तकें—इकाई (1969), इमेज

(1973), आमद (1985), आसमान (1990) तथा आहट (1994) इस संकलन में शामिल की गई हैं। इसके अतिरिक्त उनकी, कुछ पत्रिकाओं में प्रकाशित तथा कुछ पूर्णतः अप्रकाशित रचनाएँ भी 'नई ग़ज़लें' शीर्षक से शामिल की गई हैं। 'इकाई' प्रथम प्रकाशित रचना है, जिसमें शाइर की प्रारंभ से 1969 तक की ग़ज़लें हैं। इसे तब बड़ी ग़ज़ल की आखिरी और नई ग़ज़ल की पहली किताब कहा जाता था। 'इमेज' की नियंत्रित प्रयोगधर्मिता स्पष्ट करती है कि शाइर की पूरी छटपटाहट, परंपरा को सम्पूर्णता में अपनाते हुए उससे आजाद होने की भी है। यहाँ दो सौ वर्ष पुरानी आवाज़ का साया तो साथ-साथ चलता है, लेकिन एक नई आवाज़ और नई परंपरा भी उत्क्रमित होती है। 'इमेज' में 1970 से 1973 तक की ग़ज़लें हैं, यहाँ तक आते-आते शाइर के अंदर का विद्रोही बगावत का ऐलान कर देता है। ग़ज़ल का एक स्वतंत्र व्यक्तित्व मुखर होने लगता है। पूरी पुस्तक में एक भी इज़ाफ़त नहीं है। आरज़ू लखनवी को छोड़कर, शायद ही किसी ने इसके पूर्व यह कारनामा अंजाम दिया हो। 'आमद' तक आते-आते हिंदी और फ़ारसी से आती हुई परंपराओं और सोच को आत्मसात् कर लिया गया है और शाइर का परिपक्व और परिमार्जित स्वरूप उभर आया है। इसीलिए इस संकलन के क्रम निर्धारण में 'आमद' को सबसे पहले रखा गया है। इसके पश्चात् 'इमेज' को रखा गया है। 'इकाई' में परिवर्तन की जो शुरुआत हुई थी उसका स्पष्ट स्वरूप 'इमेज' में खुलता है। जैसे 'इमेज' का नया होना जरूरी था, वैसे ही 'आमद' का पुराना होना भी। 'आसमान' में पूर्व पुस्तकों की अधिकांश ग़ज़लों का समावेश है। बशीर बद्र की अंतिम पुस्तक 'आहट' है जिसमें अधिकांश ग़ज़लें उस वक्त की हैं जब वे मानसिक और शारीरिक रूप से अत्यंत अस्वस्थ थे। हताशा, रुग्णता और अवसाद के इस दौर की अधिकांश ग़ज़लों को वे आज खारिज करते हैं। यह उनका हक भी है। इन ग़ज़लों के साथ अन्य कृतियों से भी कुछ ग़ज़लें और कुछ शे'र शाइर की मंशा के अनुरूप इस संकलन में शामिल नहीं किए गए हैं। हर ग़ज़ल के साथ शाइर के बताए अनुसार उनका रचना वर्ष भी दिया जा रहा है। समय में मामूली त्रुटि स्मृति दोष से संभव है।

निश्चय ही यह रचना-समग्र अनेक पाठकों को पूर्व से पढ़े-सुने शे'रों के साथ डॉ. बशीर बद्र को जोड़ने का कार्य करेगा। बशीर बद्र के अनेक शे'रों की करोड़ों लोगों तक पहुँच है, भले ही वे यह न जानते हों कि यह शे'र कहा किसने है। हर बड़े शाइर के कुछ शे'र शाइर की पहचान से बड़े हो जाते हैं और आम चलन में आकर खासोआम के कथोपकथन का हिस्सा बन जाते हैं। ग़ालिब के तीस-चालीस शे'र ऐसे होंगे जो हिंदी और उर्दू ज़बान जानने वालों से आगे हर हिंदुस्तानी की ज़बान पर हैं। पंद्रह-बीस शे'र मीर, फ़िराक़ और फ़ैज़ के तथा दस-पंद्रह शे'र वली, सौदा, आतिश, नासिख़, मोमिन, ज़ौक़, ज़फ़र, दाग़, अमीर मीनाई, हसरत, फ़ानी, जिगर और असगर के आम लोगों को याद होंगे।

आज तो सूरतेहाल ये है कि मीर और ग़ालिब के बाद जिनके शे'र सर्वाधिक उद्धरित होते हैं, वे हैं—फ़िराक़, फ़ैज़ और बशीर बद्र। किंतु गत दस-पंद्रह वर्षों में फ़िराक़ और फ़ैज़ के कुछ शे'र जैसे मंद हुए हैं, उस पहलू से बशीर बद्र के शे'रों के बारे में बीस-पचीस वर्ष बाद ही कोई राय क़ायम की जा सकेगी। वैसे अनेक आलोचक यह मानते हैं कि शे'रों की उद्धरणीयता के मामले में बशीर बद्र प्रायः सभी समकालीन और कुछ पूर्ववर्ती शायरों को पीछे छोड़ चुके हैं। अबुल फ़ैज़ सहर का कथन है, 'आलमी सतह पर बशीर बद्र से पहले किसी की ग़ज़ल को ये महबूबियत नहीं मिली। मीरो ग़ालिब के शे'र भी मशहूर हैं, लेकिन मैं पूरे एतमाद से कह सकता हूँ कि आलमी पैमाने पर बशीर बद्र की ग़ज़लों के अशआर से ज़्यादा किसी के शे'र मशहूर नहीं हैं।'

बशीर बद्र के मशहूर शे'रों पर दृष्टि डालने से इस अभूतपूर्व लोकप्रियता का रहस्य खुलता है। यह रहस्य है अभिव्यक्ति की सादगी, प्रवाह और पैनापन, जीवनानुभव का खरापन, सार्वजनिनता और उसे ज़बान देने की ताकत तथा बिंबों और प्रतीकों को शब्दकोश के अर्थों में बदलने की क़ाबिलियत। करोड़ों लोगों तक पहुँच रखने वाले बशीर बद्र के शे'र ये हैं—

उजाले अपनी यादों के हमारे साथ रहने दो,
न जाने किस गली में ज़िंदगी की शाम हो जाए।

दुश्मनी जमकर करो लेकिन ये गुंजाइश रहे,
जब कभी हम दोस्त हो जाएँ तो शर्मिन्दा न हों।

लोग टूट जाते हैं एक घर बनाने में,
तुम तरस नहीं खाते बस्तियाँ जलाने में।

कोई हाथ भी न मिलाएगा जो गले मिलोगे तपाक से,
ये नए मिज़ाज का शहर है ज़रा फ़ासले से मिला करो।

जी बहुत चाहता है सच बोलें,
क्या करें हौसला नहीं होता।

हमसे मजबूर का गुस्सा भी अजब बादल है,
अपने ही दिल से उठे अपने ही दिल पे बरसे।

बड़े लोगों से मिलने में हमेशा फ़ासला रखना,
जहाँ दरया समन्दर से मिला दरया नहीं रहता।

कुछ तो मजबूरियाँ रही होंगी,
यों कोई बेवफ़ा नहीं होता।

पलकें भी चमक उठती हैं सोते में हमारी,
आँखों को अभी ख़्वाब छुपाने नहीं आते।

मुसाफ़िर हैं हम भी मुसाफ़िर हो तुम भी,
किसी मोड़ पर फिर मुलाक़ात होगी।

ज़िन्दगी तूने मुझे क़ब्र से कम दी है ज़मीं,
पाँव फैलाऊँ तो दीवार में सर लगता है।

दुश्मनी का सफ़र एक कदम दो कदम
तुम भी थक जाओगे हम भी थक जाएँगे।

इन शे'रों के अतिरिक्त इस संकलन में पाठकों को ऐसे अनेक शे'र मिलेंगे जिनकी लोकप्रियता इसी स्तर पर होनी चाहिए थी, पर हुई नहीं। डॉ. बशीर बद्र इसे 'इन' शे'रों की किस्मत कहते हैं। किसी शे'र का मशहूर होना उसकी उद्धरणीयता पर निर्भर करता है। भाषा, बंदिश की चुस्ती और लयात्मकता में उत्कृष्ट शे'र भी कभी-कभी उद्धरणीय नहीं हो पाते। बहुधा कुछ शे'रों की उद्धरणीयता कालांतर में जन्म लेती है। इलियास अहमद गद्दी का अनेक भाषाओं में अनूदित एवं साहित्य अकादमी से पुरस्कृत उपन्यास है–'फ़ायर एरिया'। लेखक इसका केवल उर्दू संस्करण ही देख पाया, अन्य भाषाओं के संस्करण आने से पूर्व ही उनकी मृत्यु हो गई। 'इन्तिसाब' पत्रिका के सितंबर 1998 अंक के एक लेख 'इलियास अहमद गद्दी यादों के नक़ूश' में जनाब रौनक शहरी ने लिखा, 'फ़ायर एरिया' के तर्जुमे तक़रीबन हिंदुस्तान की तमाम जबानों में किए जाने की ख़ुशख़बरी इलियास अहमद गद्दी ने जब सुनाई थी तो ये किसे ख़बर थी कि बशीर बद्र का ये शे'र उनकी मौत के बाद सूरतेहाल का तर्जुमा बन जाएगा–

किसे ख़बर थी तुझे इस तरह सजाऊँगा,
ज़माना देखेगा और मैं न देख पाऊँगा।

इस शे'र की उद्धरणीयता इतने वर्षों पश्चात् सामने आई और यह सहसा चर्चा में आ गया। अच्छे शे'र का उसके मूल संदर्भ से हटकर बातचीत या चिंतन में उतर आना भी एक दिलचस्प हादसा ही है। हर शासकीय अधिकारी-कर्मचारी को सच्ची-झूठी शिकायतों के आधार पर हुए स्थानांतरण का अनुभव होता ही है। स्वयं के एकाध स्थानांतरण पर मुझे, किसी और संदर्भ में बशीर बद्र का कहा शे'र, अकसर याद आता रहा है–

मैं चुप रहा तो और ग़लतफ़हमियाँ बढ़ीं,
वह भी सुना है उसने जो मैंने कहा नहीं।

बोलचाल की सरल, सुगम भाषा का शे'र ही मशहूर हो पाता है और बशीर बद्र तो इस ज़बान के जादूगर हैं। उन्होंने भाषा का प्रचलित, स्वाभाविक और सर्वव्यवहृत रूप ही लिया है। श्रेष्ठ साहित्य की इमारत समाज में अप्रचलित शब्दों की नींव

पर खड़ी नहीं की जा सकती। कविता की भाषा शब्दकोशों या पुस्तकों-पत्रिकाओं में दफ्न न होकर, करोड़ों लोगों की बोलचाल को संगठित करके और साधारण शब्दों की जीवित और स्पंदनशील रगों को स्पर्श करके ही बन पाती है। यही कारण है कि आजकल बोलचाल और साहित्य दोनों में ही संस्कृत, अरबी और फ़ारसी के क्लिष्ट और बोझिल शब्दों का चलन कम हो रहा है। बशीर बद्र ने ग़ज़ल को पारंपरिक क्लिष्टता और अपरिचित अरबी-फ़ारसी के बोझ से मुक्त करके जनभाषा में जन-जन तक पहुँचाने का कार्य किया है। यद्यपि प्रारंभिक दौर में बोझिल भाषा के अनेक उदाहरण उनके प्रथम संकलन 'इकाई' में बिखरे हुए हैं–

क्या हुआ, आज क्यों, खैमए-ज़ख़्म से कज कुलाहाने ग़म फिर निकलने लगे,
हम तो समझे थे अब शह्रे दिल मिट चुका, थक गए दर्द के कारवाँ सो गए।

जमी है देर से कमरे में ग़ीबतों की नशिस्त,
फ़ज़ा में गर्द है माहौल में कदूरत है।

तथापि विरासत में प्राप्त यह भाषा उनकी शुरुआती ग़ज़लों में ही दिखती है, लेकिन इससे बाहर निकलने की तड़प और बेचैनी भी साथ-साथ चलती है। भविष्य की भाषा के बीज भी 'इकाई' में रोपित हो गए हैं और 'आमद' तक आते-आते भाषा और अभिव्यंजना निखरकर पूरी तरह बोलचाल को स्पर्श करने लगती है। प्रारंभिक आंशिक अनगढ़ता और पश्चात्वर्ती तराशी हुई भाषा की भिन्नता साहित्यकार की स्वाभाविक विकास यात्रा की पहचान है। संभवतः हर साहित्यकार को यह यात्रा करनी पड़ती है। निराला की 'राम की शक्ति पूजा' की 'ज्योतिः प्रपात स्वर्गीय ज्ञात छवि प्रथम स्वीय' भाषा और 'कुकुरमुत्ता' की 'अबे सुन बे गुलाब' वाली भाषा भी तो एक ही कवि की है। इसमें कोई साहित्यिक व्यतिक्रम नहीं है। चिंतन की पर्वतीय ऊँचाइयों पर विचारों के अनेक निर्झर प्रस्फुटित होते हैं और शृंखलाबद्ध होकर प्रवाह ढूँढ़ते हैं। सरिता के निर्गम की तरह ही काव्य की उत्पत्ति भी है। जटिल से सरल की ओर विचारों की अभिव्यक्ति का प्रवाह ही साहित्य है। मीर, ग़ालिब से लेकर आज तक हर भाषा के कवि का यही प्रयास दिखाई देता है, सफल अवश्य कतिपय ही हो पाते हैं।

बशीर बद्र ने अपने एक इंटरव्यू में कहा है कि जो शब्द हमारी जिंदगी में घुल-मिल जाते हैं, ग़ज़ल की भाषा उन्हीं से बनती है। शब्दों की भाषिक व्युत्पत्ति महत्त्वपूर्ण नहीं है। अपने युग और समकालीन जीवन का चित्र अंकित कर सकने वाले और हमारे जीवन की दैनन्दिन समस्याओं और कशमकश की काव्यमय प्रस्तुति कर सकने वाले शब्द ही ग़ज़ल की असली भाषा हैं। उन्हें "वो ग़ज़ल ज़्यादा भरपूर लगती है, जिसकी भाषा सुनने में हिंदी और उर्दू के फ़र्क़ को ख़तम करती है और अंग्रेज़ी से आये हुए शब्दों को जिसने हिन्दी और उर्दू में अपना मान लिया है।"

यह फ़र्क़ केवल भाषा का नहीं है, वरन् इमेजेस का है। आज की ज़िंदगी के इमेजेस, हमारे घर, घर के सामान (फ्रिज, टी.वी., अलमारी, रैक आदि), पहनने के कपड़े (कोट, शर्ट, पैंट, टाई, सूट, बेलबाटम, स्वेटर आदि), आवागमन के साधन (कार, बस, ट्रक, साइकल, रेल, मोटर, मोटर स्टैंड, बस स्टैंड, रेलवे-स्टेशन आदि), कार्यालय, शिक्षा संस्थान (स्कूल, कालेज, कैम्पस, क्लास, यूनिवर्सिटी आदि) : इन सबकी पहचान के लिए प्रयुक्त शब्द अब पूरी तरह हमारे देश के शब्द हैं। अंग्रेज़ी से आए, आज के जीवन के अधिकांश संज्ञावाचक शब्द अब हिंदी भी हैं, उर्दू भी। अनेक शब्द तो ऐसे हैं जिनके पर्याय हिंदी-उर्दू में हैं ही नहीं, जबकि सैकड़ों ऐसे शब्द हैं जिनके हिंदी या उर्दू समानार्थी तो हैं, किंतु अवाम की ज़बान पर उनका अंग्रेज़ी स्वरूप ही है। आज ग़ज़ल जब जीवन के हर पक्ष को स्पर्श कर रही है तब इन शब्दों को ग़ज़ल से बाहर रख पाने का अब कोई रास्ता नहीं है।

बड़े पैमाने पर इन अंग्रेज़ी से आए शब्दों को प्रथमतः ग़ज़ल में प्रतिष्ठित करने का कारनामा बशीर बद्र ने किया है। हिंदी में तो यह प्रयोग यदा-कदा प्रचलित था और उर्दू में गीत, नज़्म, कहानी, उपन्यास में भी। किंतु उर्दू ग़ज़ल में (अकबर इलाहाबादी को छोड़कर जिन्होंने इसका प्रयोग हास्य-व्यंग्य की सृष्टि मात्र के लिए किया था) यह भाषिक प्रयोग नहीं ही होता था। पारंपरिक सोच से यह भ्रान्ति जन्मी थी कि ग़ज़ल की अपनी एक निर्धारित भाषा है और सीमित शब्दकोश; जिसके साथ छेड़छाड़ नहीं की जा सकती। कोई धारणा जब परंपरा की तर्जनी पकड़ मानस में प्रविष्ट होती है तो वह अंतर्मन की कंदरा में जोंक सी चिपट जाती है। सूर्य में धब्बों की खोज होने के शीघ्र पश्चात् जब प्रसिद्ध खगोलशास्त्री किर्चर ने एक जेसुइट प्रोफ़ेसर को उन्हें दूरबीन से देखने के लिए आमंत्रित किया तो प्रोफ़ेसर का दो टूक जवाब था, 'व्यर्थ है बेटा। मैंने दो बार अरस्तू को पूरा पढ़ा है और उसमें सूर्य के धब्बों का कोई ज़िक्र नहीं पाया। सूर्य में कोई धब्बा नहीं है।' इस स्तर की संकुचित दृष्टि और अंध दुराग्रह यदि ग़ज़ल के संबंध में भी रहे तो वह न तो मीरो ग़ालिब के दीवान से बाहर निकल सकेगी, और न ही नई भाषा और नई इमेजरी को ग्रहण कर आज की ज़िंदगी से हमकदम हो सकेगी। एक जीवित भाषा और काव्य रूप के लिए ज़रूरी है कि वह देश-काल के अनुरूप बदले और विकसित हो।

और इसलिए अंग्रेज़ी से आए शब्दों का ग़ज़ल में अवतरण समय की पुकार भी थी। वैसे यह भी अपनी जगह महत्त्वपूर्ण है कि मात्र शब्दों के प्रयोग से कुछ नहीं होता। उनका इस्तेमाल इस तरह से हो कि वे ग़ज़ल का हिस्सा लगने लगें, यह कोई आसान काम नहीं है। अहतिशाम अख़्तर ने लिखा है, 'बशीर बद्र का बड़ा कारनामा ये है कि उन्होंने अंग्रेज़ी के अल्फ़ाज़ को ग़ज़ल की ज़ुबान में समोने और ग़ज़ल के मिज़ाज से हम आहंग करने की कोशिश की है। ये बड़ा मुश्किल काम है। अंग्रेज़ी का लफ़्ज़ ग़ज़ल में अज्मो अहतिआत और खुशअसलूबी से न इस्तेमाल

किया जाए तो ग़ज़ल का शे'र हज़ल बन जाता है।' डॉ. भगवत शरण उपाध्याय ने कालिदास के संबंध में कहा था, 'शब्द, शब्द हैं, भाषा नहीं। भाषा, भाषा है, साहित्य नहीं। शब्द से भाषा और भाषा से साहित्य बनाने के लिए वह कुछ चाहिए होता है जो साहित्यकार के पास होता है।' बशीर बद्र के पास यह 'वह कुछ' प्रचुर मात्रा में है और उनकी सिद्धहस्त सृजनशीलता ने हिंदी-उर्दू-अंग्रेजी मिश्रित इस आम बोलचाल की भाषा में ऐसे नवीन बिंब विधान की सृष्टि की है कि ग़ज़ल के लिए एक बिलकुल ही नई और अछूती दुनिया के राजमार्ग खुल गए।

बशीर बद्र ने अपने प्रथम संकलन 'इकाई' की ग़ज़लों में ही पचास से अधिक अंग्रेज़ी से आए श्ब्दों के सटीक प्रयोग किए। दूसरे संकलन 'इमेज' में इनकी संख्या और भी अधिक हो गई है। लाहौर की एक अर्द्धवार्षिक पत्रिका—सबेरा ('55-'56), जिसका संपादन कुछ समय तक साहिर लुधियानवी ने भी किया था, में बशीर बद्र की एक ग़ज़ल प्रकाशित हुई, जिसमें यह शे'र छपा—

वह जाफ़रानी पुलोवर उसी का हिस्सा है,
कोई जो दूसरा पहने, तो दूसरा ही लगे।

यहाँ काव्याभिव्यक्ति मात्र इतनी है कि वह ज़ाफ़रानी पुलोवर केवल 'उसी' पर अच्छा लगता है, किंतु शाइर के शब्दों से साहित्य क्रीड़ा का 'पुलोवर' की अंग्रेज़ियत के बावजूद, ग़ज़ल की भाषा की ज़मीन से जुड़ाव; अक्षत है। पुलोवर का प्रतिस्थापन भी संभव नहीं है। गुलज़ार ने लिखा है, 'पुलोवर को न स्वेटर कह सकते हैं, न कोटी कह सकते हैं, न कुछ और। पुलोवर ही कह सकते हैं।' ज़ाफ़रानी रंग का चुनाव भी यहाँ महत्त्वपूर्ण है। ज़ाफ़रानी का पुरानापन और पुलोवर का नयापन मिलकर ऐसी ध्वन्यात्मक मुलायमियत पैदा करते हैं जिसमें पुलोवर का खड़खड़ाता हुआ शब्द दब जाता है, किंतु तग़ज़्ज़ुल मलिन नहीं होता।

छह माह पश्चात् पत्रिका के अगले अंक में ज़फ़र इक़बाल की ग़ज़ल प्रकाशित हुई जिसमें एक शे'र था—

मैं इतना बदमुआश नहीं यानि खुल के बैठ,
चुभने लगी है धूप स्वेटर उतार दे।

दोनों शे'रों में दृश्य लगभग समान है। नायिका आधुनिका है, मनोवृत्ति, भाव और आचार-व्यवहार भी आधुनिक हैं—नई बिंब रचना भी नहीं हो रही। फिर भी चिराग़ से चिराग़ तो जला और फ़ौरन से पेश्तर जला।

बशीर बद्र द्वारा अपनी कविता में अंग्रेज़ी शब्दों का यह प्रयोग सायास नहीं है, या तो उपयुक्तता की दृष्टि से है या वातावरण की सृष्टि की अनिवार्यता हेतु। ये शब्द वैसे ही स्वाभाविकता से ग़ज़लों में आ गए हैं जैसे बहती हुई नदी के साथ

कोई फूल चला आए।

थके थके पैडिल के बीच चले सूरज,
घर की तरफ लौटी दफ़्तर की शाम।

यहाँ साइकिल के पहिए को शाइर ने सूरज से अभिव्यक्त किया है, पर 'पैडिल' से समझौता नहीं किया क्योंकि इसके बिना साइकिल का बिंब ही अल्पदृश्यता का शिकार हो जाता। 'दफ़्तर' की जगह 'आफ़िस' न लिखा जाना भी ध्यान देने योग्य है। यहाँ यह भी ध्यान देने योग्य है कि बशीर बद्र ने 'लान' शब्द का बार-बार इस्तेमाल किया है। इसे प्रतीक के रूप में भी प्रयोग किया गया है बिंब रचना के लिए भी। किंतु जब शाइर का घर जलता है तो उसे बड़े परिश्रम से लगाई गई 'कारपेट ग्रास' ही याद रहती है। वह इसे लान नहीं कहता, घास वाला रेशमी कालीन कहता है–

मकां से क्या मुझे लेना मकां तुमको मुबारक हो,
मगर ये घासवाला रेशमी क़ालीन मेरा है,

उर्दू की शिक्षा के ह्रास के संबंध का एक शे'र द्रष्टव्य है–

ख़ानकाहों में ख़ाक उड़ती है,
उर्दू वालों के कैम्पस की तरह।

जैसे दरगाहों में कोई नहीं जाता वैसे ही उर्दू भी कोई नहीं पढ़ता। यहाँ 'कैम्पस' का हर हिंदी-उर्दू पर्याय वातावरण की अभिव्यक्ति में अक्षम होगा। यह बात पारंपरिक भी है, नवीन भी, फिर भी मनोहर काव्यसृष्टि है। 'अदम' के एक करीबी शे'र से तुलना करने पर शायद बात और स्पष्ट हो–

जी खुश हुआ है, मस्जिदे-वीरां को देखकर,
मेरी तरह ख़ुदा का भी ख़ानाख़राब है।

कहीं-कहीं बशीर बद्र ने आज के दैनन्दिन प्रयोग की अंग्रेज़ी और दूर पीछे छूट चुकी फ़ारसी के संगम से काव्य सौंदर्य के नए आयाम स्पर्श किए हैं–

दुनिया भर के शहरों का कल्चर यकसाँ,
आबादी तन्हाई बनती जाती है।

यहाँ अंग्रेज़ी के 'कल्चर' और फ़ारसी के 'यक्साँ' शे'र में दो अलग-अलग नगीनों की तरह जड़े हुए प्रतीत होते हैं और शे'र की समेकित भाषा में ऐसे घुलते हैं जैसे स्वादिष्ट शरबत में गुलाबजल और केवड़ा।

बशीर बद्र ने अंग्रेज़ी शब्दों के देशज स्वरूप का प्रयोग किया है–बोलचाल के अनुरूप ही उन्हें ग़ज़ल में ढाला है। विशेषतः बहुवचन में कारों, स्कूटरों, स्टेशनों,

शालों, किलासों और बिल्डिगों तथा डिशें का प्रयोग किया है। उनका उच्चारण भी देशज ही लिया गया है—टाविल, नाविल, पैडिल आदि। संपूर्ण ग़ज़लों में केवल एक अपवाद, एक ही स्थान पर प्राप्त होता है—'नोट्स' और यह भी 'नोटों' के मुद्रा विषयक अर्थ से बचाव के लिए।

'इकाई' से 'आमद' तक की यात्रा में बशीर बद्र ग़ज़ल के सीमित शब्दकोश में रहकर बाहर निकले और इसे एक नवीन विस्तार दिया। ग़ज़ल एक संकेतात्मक कविता है, गागर में सागर भरने की कला है। इसके संक्षिप्त कलेवर में प्रतीकों के माध्यम से वह बात कही जा सकती है जिसके लिए एक लंबी नज़्म दरकार है। इस तरह कुछ निश्चित प्रतीकों को सीमा में बँधकर भी ग़ज़ल में व्यापकता रही है क्योंकि इन प्रतीकों में प्रयोग के अनुरूप अर्थवत्ता की अनंत संभावनाएँ हैं। डेढ़-दो सौ वर्ष तक उर्दू कविता अरब और ईरान के जीवन, सभ्यता, संस्कृति और सामाजिक व्यवहार पर आधारित फ़ारसी साहित्य के रूपकों के इर्द-गिर्द घूम रही थी। ये वास्तव में रूपकों के समूह थे। उदाहरणार्थ—'कारवाँ और क़ाफ़िला' के साथ मज़िल, दश्तेगुर्बत, रहज़न, रहबर/मीरे कारवाँ/क़ाफ़िला सर्दार, शामे, ग़रीबां, सुब्हे वतन, बाँगे जरस/नाराए जरस/नालए-जरस, नक़्शेपा/नक़्शे क़दम, गुबारे कारवाँ/गर्दे कारवाँ, तथा 'मैं और मैख़ाना' के साथ साक़ी, पैमाना, साग़र, शराब, मस्ती, होश और जुनूँ, रिन्द, ज़ाहिद, वाएज़, नासेह, मुहतसिब आदि का प्रयोग होता था। ऐसे ही रूपकों का समूह शमा-परवाना, बहार-ख़िज़ाँ, दरिया-साहिल-सफ़ीना के साथ जुड़ा हुआ था। इनके प्रभाव से उर्दू भाषा की सजधज फ़ारसी ही रही, किंतु नए शाइर उसकी भारतीय आत्मा का क्या करते ?

दो विश्व युद्धों के साथ विश्व साहित्य में एक नए युग का सूत्रपात हुआ। पाश्चात्य साहित्य का प्रभाव भारतीय भाषाओं पर भी पड़ा। उर्दू अछूती नहीं रह सकती थी। समस्याओं और स्थितियों को आँकने का एक नया दृष्टिकोण सामने आया। कवि अब जीवन की वेदना पर केवल शोक प्रकट करके नहीं रह सकता था, उसे इसके भौतिक उपाय की तलाश भी करनी थी। उसे पारंपरिक प्रतीकों, बिंबों, लोकोक्तियों, उपमाओं और मुहावरों से हटकर भी सोचना पड़ा। नैतिक और सामाजिक विसंगतियाँ, अंधे शहरीकरण, अधूरे लोकतंत्र, साम्प्रदायिक दंगे, दोहरे चरित्र, मनुष्य की अनंत जिजीविषा आदि को व्यक्त करने के लिए पूर्वकालीन साहित्यिक परंपरा से ग्रहण किए गए रूपक, उपमान, कुंठित व लँगड़े जान पड़े। समय के साथ जीवन के हर क्षेत्र में हो रही दैनन्दिन तब्दीली से भी अभिव्यक्ति और संप्रेषणीयता के मानी बदलने लगे। मानवीय रिश्तों की संवेदना और ऊष्मा बचाए रखने में पत्रों का बड़ा योगदान रहा। टेलीफोन के आविष्कार ने पत्र-वृत्ति को अपूरणीय क्षति पहुँचाई। वर्तमान युग में किसी फेनी ब्राउन को कोई कीट्स फोन से क्या बता पाएगा ? और आज तो फैक्स और ई-मेल का युग आ चुका है। शाइरी अब क़ासिद, नामाबर और कबूतर

तक सीमित नहीं रह सकती।

विभिन्न भाषाओं के कवि विषय की आवश्यकता को अभीष्ट रखते हुए अपने वातावरण से नए प्रतीकों और रूपकों के साथ ही नई बिंब रचनाएँ ढूँढ़ने को विवश हुए जिससे कविता की शक्ति और व्यापकता में वृद्धि हुई। निराला का कथन है, "मनुष्यों की मुक्ति की तरह कविता की भी मुक्ति होती है। मनुष्यों की मुक्ति कर्मों के बंधन से छुटकारा पाना है और कविता की मुक्ति छंदों के शासन से मुक्त हो जाना है।" ग़ज़ल का छंदों के बंधन से मुक्त होना तो असंभव ही है, किंतु बशीर बद्र ने उसे स्टीरियो टाइप भाषा, निर्धारित रूपकों और पारंपरिक बिंब विधान से मुक्त अवश्य कराया और ग़ज़ल को एक नई सज्जा दी। इसके लिए उन्होंने ग़ज़ल के विषय साधारण जीवन से लिए और नई अछूती उपमाओं, बिंब रचनाओं और प्रतीकों के साथ ग़ज़ल को अपनी जमीन से जोड़ दिया। ग़ज़ल महफिल और मैख़ाने से निकलकर आज की ज़िंदगी से हमकदम हुई, जिसमें जहाँ एक तरफ़ घर, परिवार, रिश्ते और मुहब्बतें हैं, तो दूसरी ओर हैं दोहरे चरित्र, दंगे-फसाद, गंदी सियासत और नफरतें। सुनहरे शहर हैं, लोहे के पुल हैं, एटमबम हैं, शहरों का स्थानाभाव है, कृत्रिमता-सतहीपन है—कुल मिलाकर 'खूबसूरत, उदास, ख़ौफ़ज़दा', बीसवीं सदी के हर संभव चित्र के साथ-साथ इक्कीसवीं सदी की पगध्वनि है।

बशीर बद्र का पुराने अलंकारों और परंपरागत रूपकों का बहिष्कार पूर्वाग्रहयुक्त नहीं है। यह इंशा के 'मसनवी-बेनुक़्त' की तरह नहीं है कि ध्यान बिंदियों पर ज्यादा रहे कविता पर कम। पुराने रूपक यदि आवश्यकतानुसार आ गए तो आ गए—हाँ, उनका प्रयोग अवश्य एक नई ताजगी के साथ किया गया है—

मैकदे में अजा सुन के रोया बहुत,
इस शराबी को दिल से खुदा याद है।

कृत्रिमता और सतहीपन पर चोट करते हुए यहाँ संबोधन साक़ी, वातावरण मैखाने का है, जिक्र पैमाने का है, पर बात भी नई है, भाषा भी—

यहाँ लिबास की क़ीमत है आदमी की नहीं,
मुझे गिलास बड़े दे शराब कम कर दे।

बशीर बद्र प्रतीकों के माध्यम से बात कहने की कला के जादूगर हैं। प्रतीकों का प्रयोग नाक़ाबिले-बयान बातों के बयान के लिए अनिवार्य हो जाता है। रचित बिंब विधान के माध्यम से कवि अपने और पाठक के बीच एक पुल बनाता है जिस पर से होकर अनुभूति का संप्रेषण होता है। बशीर बद्र शारीरिक संबंधों के अनेक संवेदनशील, नाजुक और अनिर्वचनीय क्षणों को बड़ी कुशलता से कह जाते हैं—

कच्चे फल कोट की जेब में ठूँसकर जैसे ही मैं किताबों की जानिब बढ़ा,
गैलरी में छिपी दोपहर ने मुझे नारियल की तरह तोड़कर पी लिया।

इसी प्रकार वे दंगाइयों द्वारा व हत्या व बलात्कार का लोमहर्षक चित्र इशारों से खींच देते हैं–

चाँद हाथ में भरकर जुगनुओं के सर काटो और आग़ पर रख दो,
मोमबत्ती की रानें जब ब्लेड से खुल जाएँ चाक़ुओं के सर रख दो।

बशीर बद्र शब्दों के चतुर चितेरे हैं। वे विवरण मात्र प्रस्तुत नहीं करते, वरन् अपनी अनोखी बिंब रचना से अभिव्यक्त को आँखों से सामने ला देते हैं–

सुर्ख़ नीले चाँद तारे दौड़ते हैं बर्फ़ पर,
कल हमारी तरह ये भी धुंद में खो जाएँगे।

आँसू कभी पलकों पर ता देर नहीं रहते,
उड़ जाते हैं ये पंछी जब शाख़ लचकती है।

बर्फ़-सी उजली पोशाक पहने हुए पेड़ जैसे दुआओं में मसरूफ़ हैं,
वादियाँ पाक मरियम का आँचल हुईं, आओ सज्दा करें सर झुकाएँ कहीं।

पीछे-पीछे रात थी तारों का इक लश्कर लिए,
रेल की पटरी पर सूरज चल रहा था रात को।

बशीर बद्र की ग़ज़लों में बहुधा नयी और पुरानी इमेजरी का अद्भुत संगम दृष्टिगोचर होता है और रसानुभूति की एक नयी धारा फूटती है–

एक समन्दर के प्यासे किनारे थे हम अपना पैगाम लाती थी मौजे रवाँ,
आज दो रेल की पटरियों की तरह साथ चलना है और बोलना तक नहीं।

उनकी बिंब रचना और प्रतीक चयन में अभिव्यक्ति की व्यापकता देखते ही बनती है–

कोहरे के लरज़ीदा हाथों में अकसर,
तुलसी और अदरक की चाय छलकती है।

'कोहरे' शब्द से ऋतु और आयु दोनों का चित्र स्पष्ट हो जाता है। तुलसी ओषधि भी है, पवित्रता का प्रतीक भी। परंपरा भाव से ममता भी शामिल है।

बारिश में भीगते हुए पेड़ को देखकर मन में यह भाव जगता है मानो शाल ओढ़कर कोई प्रियतम के लिए सतत प्रतीक्षारत है–

बारिशों में किसी पेड़ को देखना
शाल ओढ़े हुए भीगता कौन है

रोमांस की अनुभूति की यह तीव्रता ही किसी समुद्र तटीय नायिका को 'नारियल के दरख़्तों की पागल हवा' बना देती है और यादें संदूक़ से प्रस्फुटित होकर नए रिश्तों के लिए ख़तरा बन जाती हैं—

गर्म कपड़ों का सन्दूक़ मत खोलना वरना यादों की काफ़ूर जैसी महक,
खून में आग बनकर उतर जाएगी सुब्ह तक ये मकां ख़ाक हो जाएगा।

चित्रित दृश्य-योजना शाइर के मूड और तत्कालीन मानसिकता का भी पता देती है। क़भी अच्छे मूड में सुमित्रानंदन पंत को 'संध्या सुंदरी परी-सी' दिखी थी जो 'धीरे धीरे धीरे' उतर रही थी। यही संध्या विषाद के क्षणों में बशीर बद्र को ऐसी प्रतीत होती है मानो प्रवाहमान सरिता को अनगिनत काले परिंदों के काले-काले पर एक-एक करके क्रमशः ढकते चले जा रहे हैं—

अनगिनत काले-काले परिंदों के पर टूटकर ज़र्द पानी को ढकने लगे,
फ़ाख़्ता धूप के पुल पे बैठी रही रात का हाथ चुपचाप बढ़ता रहा।

ये लंबी बहर और असामान्य मीटर की ग़ज़लें वास्तव में इमेजेस की शृंखलाएँ हैं और शाइर की असाधारण प्रतिभा का लोहा मनवाने पर विवश करती हैं। इतनी बड़ी बहर में इतनी ग़ज़लें नहीं कही गई हैं। माइक्रोफ़ोन के आविष्कार और मुशायरों में प्रयोग ने उर्दू शाइरी को जो लोकप्रियता और पहुँच दी, वह केवल पुस्तकों और पत्रिकाओं के माध्यम से कभी संभव न थी। इसी प्रकार बशीर बद्र की लंबी बहर की ये ग़ज़लें जब कभी किसी सिद्धहस्त कल्पनाशील प्रतिभा के द्वारा चित्रांकित कर कैमरे की तूलिका से पेंट की जाएँगी तब इमेजेस की यह अभूतपूर्व शृंखला देखने वाले के दिलोदिमाग में उतर सकेगी। ये निश्चिततः कविता के आगामी दृश्य-श्रव्य माध्यम की ग़ज़लें हैं। हर शे'र अनेक चित्र, अनेक बिंब और अनेक भाव आत्मसात् किए हुए किसी कुशल चितेरे की प्रतीक्षा कर रहा है—

नारियल के दरख़्तों की पागल हवा खुल गए बादबां लौट जा लौट जा,
साँवली सरज़मी पर मैं अगले बरस फूल खिलने से पहले ही आ जाऊँगा।
बेद के ज़र्द मोढ़ें पे बैठी हुई शाम ने उठ के बत्ती जलाई नहीं,
रोशनी का फ़रिश्ता बड़ी देर तक दस्तकें दे के वापस चला भी गया।

इस अनोखी इमेजरी का चमत्कार अछूती उपमाओं के प्रयोग से द्विगुणित हो जाता है। ये उपमाएँ और शाब्दिक चित्र प्रचलित पूर्व कोष से स्वतंत्र और एकदम आसपास से जुटाए हुए हैं और इसीलिए ये पूरा विषय, वातावरण और मूड शब्दों में उतारकर रख देते हैं। मुस्कान की झूठी ऊष्मा हो या यादों की मिठास या फिर तन्हाई की इंतिहा, बशीर बद्र अनुभूति की तीव्रता पाठक को महसूस करा ही देते हैं—

वह जैसे सर्दियों में गर्म कपड़े दे फ़क़ीरों को,
लबों पे मुसकराहट थी मगर कैसी हिक़ारत-सी।

रात तेरी यादों ने दिल को इस तरह छेड़ा,
जैसे कोई चुटकी ले नर्म-नर्म गालों में।

जिस तरह वापस कोई ले जाए अपनी चिट्ठियाँ,
जाने वाला इस तरह से कर गया तन्हा मुझे।

कुछ और समानांतर चित्र देखें—

गुज़ारे हमने कई साल ऐसे दफ़्तर में,
कुँआरी लड़की रहे जैसे ग़ैर के घर में।

मेरे सीने में कोई साँस चुभा करती है,
जैसे मज़दूर को परदेस में घर याद आए।

ख़ुशी हम ग़रीबों की जैसे मियाँ,
मज़ारों पे चादर चढ़ाई हुई।

रात सर पर लिए हूँ जंगल में,
रास्ते की ख़राब बस की तरह।

बशीर बद्र की ख़ूबी है—उनका सटीक शब्द चयन। बहुधा अपने शे'रों में एक शब्द से वे इतने चित्र खींच देते हैं कि संपूर्ण तसवीर आँखों के सामने दौड़ जाती है—

शाम के बाद कचहरी का थका सन्नाटा,
बेगुनाही को अदालत के हुनर याद आए।

यहाँ 'हुनर' शब्द में अदालतों के दाँव-पेंच, घात-प्रतिघात, सच-झूठ की समस्त गाँठें एक साथ खुल जाती हैं।

कठिन-से-कठिन ज़मीन, नए-से-नए रदीफ़-क़ाफ़िया और शैली में ग़ज़लें कहना इनकी विशेषता है। इसीलिए हमेशा ये नयी व ताजा लगती हैं। साठ के दशक के प्रारंभ में बाबा की रदीफ़ में जो ग़ज़ल इन्होंने लिखी थी—

अब हुई दास्ताँ रक़म बाबा,
उँगलियाँ हो गईं क़लम बाबा।

उसका बहुत अनुकरण हुआ। स्वयं बशीर बद्र ने इस रदीफ़ में एक अन्य ग़ज़ल कही है—

माटी की कच्ची गागर को क्या खोना क्या पाना, बाबा,
माटी को माटी रहना है माटी में मिल जाना, बाबा।

रज़िया हामिद ने इस संबंध में लिखा है, 'एक मोहतात और ज़िम्मेदार सर्वे के मुताबिक़ बशीर बद्र की सिर्फ़ एक ग़ज़ल जिसकी रदीफ़ 'बाबा' है, उससे मुतासिर होकर रिसाले और मुशायरे के अहम शोअरा ने ढाई हज़ार ग़ज़लें कहीं। 71 शायरों ने अपनी ग़ज़लें शाया कराते वक़्त ऐसी ग़ज़लों को बशीर बद्र के नाम मानून ओ-मनसूब किया।'

वकार वासिकी का एक शे'र है–

अजब रस्म अनोखा रिवाज है, बाबा,
ज़माने का मुतहर्रिक मिज़ाज है, बाबा।

हिंदी ग़ज़ल ने भी इस रदीफ़ को अंगीकार किया। एक उदाहरण देखें–

करो न हमको शर्मिन्दा बढ़ो आगे कहीं बाबा,
हमारे पास आँसू के सिवा कुछ भी नहीं बाबा।

–डॉ. कुँवर बेचैन

बशीर बद्र मूलतः सौंदर्य, अमन और प्रेम के कवि हैं। रूमानियत उनकी आत्मा है और इश्क उनकी पूरी शाइरी पर, कभी मंच पर तो कभी नेपथ्य में, छाया हुआ है। पर उनका इश्क न तो इश्के मज़ाज़ी है न इश्के हक़ीक़ी। यह इश्के ज़िंदगी है। रिश्तों से इश्क है, रिश्तों का इश्क है–जो जिस्मानी भी है, रूहानी भी। कभी अफलातूनी हो जाता है, कभी कामोद्दीपन के शीर्षस्थ सोपान पर जा बैठता है। फ़ारसी में ग़ज़ल का अर्थ है 'सुख़न अज़ ज़नाना गुफ़्तन' अर्थात् औरतों से अथवा औरतों के बारे में बातचीत करने का तरीका। औरत से बात करने के दौरान नर्मी व कोमलता आ ही जाती है। यही ग़ज़ल की नर्मी है। बशीर बद्र की ग़ज़ल में प्रेमी, प्रेमिका, उनका प्रेम, प्रेम का सुख-दुख, विकलता, विवशता, कामना, आशा, निराशा, प्रेम निवेदन, चंचलता और मीठी चुहल सहित प्रेम में उभरने वाली तमाम छटाओं और इंद्रधनुषों का मनोहारी चित्र है।

'बात तो वही है' फ़िराक गोरखपुरी ने लिखा है, 'कि मैं तुम्हें चाहता हूँ और इसी बात की सौ बात बन जाती हैं।' बशीर बद्र की शाइरी में प्रेम की 'इसी बात की सौ बात' विविध रूपों में दिखाई देती है। इसमें भावुकता का उफान भी है, ठोस संवेदनाओं की छोटी-छोटी दीप्तियाँ भी। कभी यह निश्छल प्रेम है–

फूल सी उँगलियाँ कंघियाँ बन गईं
उल्झे बालों से माथा ढका देख कर

और कभी अपूर्व सुकुमारता और स्निग्धता भरी चाह–

लहजा के जैसे सुब्ह की ख़ुशबू अजान दे,
जी चाहता है मैं तेरी आवाज़ चूम लूँ।

कभी प्रेमिका को जलाने की कोशिश है–

वो जैसे ही दाख़िल हो सीने से मिरे लगकर,
तुम कोट के कालर पर इक फूल लगा देना।

कभी चुहल भरी शरारत के साथ इश्क अतीत के मैखाने और गुलिस्ताँ से उठकर आज के गुसलखाने में आ जाता है और रोज़मर्रे की भाषा बन जाता है। कल्पना की इस उड़ान में गुनाह नहीं है, नायिका के साँवलेपन का संकेत भी है–

शावर के नीचे घुलती जाती है शाम,
मेरी आँखों पर इक टावल लिपटी है।

लेकिन जितनी भी छटाएँ हैं, पृष्ठभूमि में पवित्रता की छवि भी है, कामना भी, अनुभव भी। हमारी सामासिक गंगा-जमुनी संस्कृति में बसे सारे बिंबों से यही पाकीज़गी उभरती है–

उसकी आँखों को ग़ौर से देखो,
मन्दिरों में चिराग़ जलते हैं।

लोबान में चिंगारी जैसे कोई रख जाए,
यूँ याद तेरी शब भर सीने में सुलगती है।

सब कुछ कह देना ही शाइरी नहीं है। नए प्रतीकों से जड़ी अभिव्यंजना शाइरी में मौन की अप्रतिहत वाचालता के संकेत देती है–

कोई काग़ज़ ना था लिफ़ाफ़े में,
सिर्फ़ तितली का एक पर निकला।

और

पूछा बहुत जो हमने किस ओर अब मिलोगे,
चुटकी में रेत लेकर उसने उड़ा दिया है।

यह मौन इतना प्रखर है और भीतरी संकेतों की अनुभूति इतनी प्रगाढ़ कि शाइर वातावरण से ही दूर संवेदना द्वारा कल्पना की सच्चाई भाँप लेता है, प्रेम असंभव को संभव ही नहीं आसान बना देता है–

मुझको शाम बता देती है,
तुम कैसे कपड़े पहने हो।

भावुकता की यह उड़ान केवल एक वक्ती पड़ाव है, यह सारा बयान एक मुलम्मा है, असल सच्चाई तो एक गहरी अंदरूनी अमिट कसक है जो छुपाते-छुपाते फ़ाश हो जाती है। बशीर बद्र की शाइरी मूलतः एक ऐसे असफल प्रेमी की आत्मकथा

है जो बार-बार अपने प्रियतम को याद करता है, उसकी कमी को महसूस करता है, उसकी प्रतिपूर्ति की कामना करता है, फिर भी ज़िंदगी की खुरदरी सच्चाइयों का, अपने उत्तरदायित्वों और रिश्तों का निर्वाह करते हुए, सामना करता है।

खुदा की इतनी बड़ी काइनात में मैंने,
बस, एक शख़्स को माँगा मुझे वही न मिला।

और फिर सारी शाइरी इसी 'शख़्स' के नाम मंसूब है—

नज़्म, ग़ज़ल, अफ़साना, गीत एक तिरा ही ग़म था जिसको हमने
कैसा कैसा नाम दिया है, कैसे-कैसे बाँट दिया है

इसी भावना ने उनसे ऐसे अमर शे'र कहलवाए—

तुम्हारे घर के सभी रास्तों को काट गई,
हमारे हाथ में कोई लकीर ऐसी थी।

करुणा इन ग़ज़लों का प्राण है, संवेदना आधार और मर्यादा आदर्श। जीवन के यथार्थ, प्रेम की कुर्बानी ले ही लेते हैं, और फिर दोनों में से एक दुनिया के रास्ते पर जाने के लिए विवश हो जाता है—

इस मोड़ पे हम दोनों कुछ देर बहुत रोए,
जिस मोड़ से दुनिया को इक रास्ता जाता है।

शाइर जानता है कि बिछड़ना लाजमी हो तो भी ज़िंदगी अकेले तो गुजारी नहीं जाती, और यह भी कि कितने ऐसे लोग हैं जिन्हें यथेष्ट मिल पाता है। जो मिला नहीं, उसके गम में कपड़े फाड़ लेने से काम नहीं चलता क्योंकि हर सितारे से आगे जहाँ और भी हैं। किशोरावस्था की अठखेलियों और यौवन की अँगड़ाइयों के बाद वह दाम्पत्य में स्थिर होता है और मिलजुलकर अच्छे-बुरे का सामना करता है—

कभी दिन की धूप में झूम के कभी शब के फूल को चूम के,
यूँ ही साथ साथ चलें सदा कभी ख़त्म अपना सफ़र न हो।

परस्पर आसक्ति रससिद्धि की ओर ले जाती है। भारतीय परंपरानुसार पति-परमेश्वर के लिए पत्नी को अनेक रूप धारण करने होते हैं, उनमें एक रूप सेज पर वेश्या का भी है—

पिला के रात का रस राक्षस बनाती थी,
सबेरे लोगों से कहती थी देवता मुझको।

यह रसानुभूति तो मानो अतृप्ति और सतत कामना की परिभाषा है—

तू एक हाथ में ले आग एक में पानी,
तमाम रात हवा में जला बुझा मुझको।

और इस आग पानी की रात्रि की आसनी कवायद की स्मृति, रोज़मर्रा की ज़िंदगी के अछूते बिंब के माध्यम से, सुबह मधुर परितृप्त हास को जन्म देती है—

रात की तन्हाइयों को सोचकर,
चाय की दो प्यालियाँ हँसने लगीं।

दाम्पत्य जीवन केवल शारीरिक आसक्ति को ही जन्म नहीं देता, धीरे-धीरे एक भावनात्मक और आत्मिक संबंध स्थापित होता जाता है, जो दैनिक क्रियाकलापों में व्यक्त होता रहता है। विदा वेला के संवेग में आँसू हाथों में छिप जाते हैं—

मैं घर से जब चला तो किवाड़ों की ओट में,
नर्गिस के फूल चाँद की बाँहों में छुप गए।

दाम्पत्य जीवन के इन चित्रों का यह लौकिक सौंदर्य और आनंद किशोर-कल्पना की उड़ान से कितना भिन्न है। यह प्रेम साक़ी-मैख़ाने, गुलो-बुलबुल, बहार-ख़िज़ाँ और न जाने कितने पुराने परंपरागत प्रतीकों से हटकर रोज़मर्रा की ज़िंदगी के अनुभवों, बिंबों, प्रतीकों और रूपकों से व्यक्त होता है। गृहस्थ जीवन का प्रेम वैसे भी ठोस हकीकतों पर आधारित होता है, किसी खयाली उड़ान पर नहीं। इसीलिए अपनी पत्नी की अकाल मृत्यु पर शाइर आँसुओं को उल्टी दिशा में प्रवाह दे देता है। यहाँ जब्त करने का सौंदर्य है, कवि आँसू पी सकता है, बहा नहीं सकता। बात सदियों पुरानी है, पेशकश बिल्कुल नई—

अब के आँसू आँखों से दिल में उतरे,
रुख़ बदला दरिया ने कैसा बहने का।

बशीर बद्र का कहना है कि जो मुझे मिल जाता है उसे मैं सर पर जगह देता हूँ, जो नहीं मिलता उसे दिल में बसा लेता हूँ। इस पूरे दौर में प्रियतम के न मिलने पर शाइर ने जो भाव व्यक्त किए हैं वे प्रेम काव्य के इतिहास में एक पूर्णतः नए प्रत्यय को अभिव्यक्ति देते हैं। गृहस्थ जीवन के सारे ईमानदार समझौतों के बाद भी हृदय से प्रियतम की स्मृति लुप्त नहीं होती, विरह-व्यथा जागती रहती है—

मेरे बिस्तर पे सो रहा है कोई,
मेरी आँखों में जागता है कोई।

अनूठा शे'र है जो बंदिश की चुस्ती की कमी के कारण लोकप्रिय नहीं हो सका। विचारों की इसी भूमि पर सलीम कौसर का एक पश्चातवर्ती शे'र बहुत लोकप्रिय हुआ है–

मैं ख़याल हूँ किसी और का मुझे सोचता कोई और है,
सरे आइना मेरा अक्स है पसे आइना कोई और है।

दोनों को, एक दूसरे की तरह टूट कर प्रेम करने वाला मिल जाए, शाइर यह दुआ तक करता है। शाइरी के सदियों पुराने परंपरागत 'रक़ीब' का यह नई परिभाषा और पहचान के साथ पुनर्जन्म है, अहल्या-उद्धार है–

उसके लिए तो मैंने यहाँ तक दुआएँ कीं,
मेरी तरह से कोई उसे चाहता भी हो।
और
मैं चाहता हूँ कि तुम ही मुझे इजाजत दो,
तुम्हारी तरह से कोई गले लगाए मुझे।

इन उदात्त भावों के बावजूद वे प्रेम को केवल पवित्रता के स्तर पर ही देखते हैं, यह कहना ठीक न होगा। दरअसल वह पात्रों व चरित्रों का चित्रांकन करते हैं। ग़ालिब के 'लताफ़त बेकसाफ़त जलवा पैदा कर नहीं सकती' की तर्ज़ पर उनके पात्र कभी-कभी फ़्लर्ट भी करना चाहते हैं–

मैं इस ख़्याल से उसके करीब आया था,
कि दूसरों की तरह वो भी बेवफ़ा होगा।

या फिर जैसा इक़बाल ने थोड़ा छुपाकर कहा है–

लाज़िम है दिल के पास रहे पासबाने-अक़्ल,
लेकिन कभी-कभी इसे तनहा भी छोड़ दे।

वैसा बशीर बद्र खुलकर कह देते हैं–

आशिक़ी में बहुत ज़रूरी है,
बेवफ़ाई कभी-कभी कर ली।

यही नहीं, वे वयःसंधि के कौमार्य की परिपक्वता स्पष्टतम बिंब के माध्यम से उजागर कर देते हैं–

पके गेहूँ की ख़ुशबू चीखती है,
बदन अपना सुनहरा हो चुका है।

लेकिन ऐब कर्दन रा हुनर बायद (ऐब करने के लिए भी हुनर आना चाहिए) और यह हुनर उन्हें आता नहीं है क्योंकि संस्कारों की आवाज़ कहती है–

दो बदन जितने नजदीक होते गए,
कुर्बतें फ़ासलों में बदलती रहीं।

यही संस्कार हैं जो आलिंगन की निर्दोष और निष्पाप अभिव्यक्ति बनते हैं–

वो सबके सामने बाँहों में आ के खो जाना,
फ़रिश्तों जैसी ये मासूमियत हवस की नहीं

ज़िम्मेदारियों का बोझ कंधे पर हो तब इश्क की सीमाएँ पता चलती हैं, और तब देवदास बनकर ठंडी आहें भरना या 'मश्तेख़ाक की हसरत में' कोहकन हो जाना आसान नहीं है–

कोई इश्क है कि अकेला रेत की शाल ओढ़ के चल दिया,
कभी बाल बच्चों के साथ आ ये पड़ाव लगता है रात में

वास्तव में यह रोमांस किसी न किसी रूप में बशीर बद्र के पूरे कलाम का सरमाया है। रोमांटिक और मादक फ़िज़ा का संयोग शृंगार परिंदों के नशेमन सजाने के भीतरी संकेत से हृदयस्पर्शी रूप में प्रकट होता है–

इन हवाओं से मौसम बदलने लगा धूप में प्यार की नर्म चुमकार है
फिर कबूतर के जोड़ों के दिल में चुभी तिन्के चुन-चुन के
लाने की फ़ितरी चुभन।

प्रेम केवल मनुष्य, पशुपक्षी तक ही सीमित नहीं है, सृष्टि के कण-कण में व्याप्त है। डॉ. बशीर बद्र इस सर्वव्यापी रोमांस में विश्वास करते हैं और बड़ी निपुणता से प्रकृति में मनुष्यत्वारोपण करते हैं–

जैसे ये जानती हो तिलिस्मी हवा उस परिन्दे को वापस नहीं लाएगी,
ख़ुश्क डंठल ने इक फ़ाख़्ता की घनी बन्द पलकों का इस तरह बोसा लिया।

यह प्रेम शाइर को अचेतन जगत् तक में दिखाई देता है, किंतु यहाँ भी वियोग ही प्रेम का परिणाम है–

पटरियों पर खड़े दो नए डब्बों ने जिस घड़ी तय किया हम न होंगे जुदा,
सब्ज़ पलकें झुकीं, देव आगे बढ़ा, एक डब्बा अकेला खड़ा रह गया।

शाइर में इतना रोमांस है कि वह लोहे के डब्बे में दिल देख लेता है और हुनर इतना है कि फिर भी ग़ज़ल की भाषा और व्याकरण का निर्वाह करता है।

अंग्रेज़ी शब्दों के प्रति दुराव न होने के बावजूद सिग्नल न कहकर 'सब्ज़ पलकें' और 'इंजन' न कहकर 'देव' कहा गया है। यह कार्य ग़ालिब नहीं कर सकते थे, मीर कर सकते थे। इसीलिए कभी-कभी ऐसा प्रतीत होता है कि बशीर बद्र मीर के ख़ानदान के शाइर हैं जो ग़ालिब की सोहबत में ख़राब हो गए।

रोमांस की इस जड़-चेतन सर्वव्याप्ति के बावजूद बशीर बद्र केवल मुहब्बत के मँडुवे तले ही नहीं मँडराते, उनकी ग़ज़लें राजनीतिक, सामाजिक और इंकिलाबी प्रभाव एवं प्रवृत्ति की वाहक भी हैं, उनमें समकालीन यथार्थ और उससे उपजे प्रश्नों को समझने की तड़प है। महान् साहित्य व्यापक भावप्रवण अनुभव से उत्पन्न होता है। अपनी विलक्षण चेतना से साहित्यकार पूरे युग की भावनाओं—जिसे जर्मन भाषा में जाइटगिस्ट कहते हैं—को अनुभव करता है और इसे आत्मसात् कर सृजन प्रक्रिया द्वारा बाह्य जगत् को संप्रेषित करता है। वह मूल्यों के चीरहरण और अपसंस्कृति के विरुद्ध लामबंदी का माध्यम भी बनता है।

बशीर बद्र की ग़ज़ल में वर्तमान की तस्वीर और आगत के संकेत हैं। उनका युगबोध केवल नैराश्य की कालिमा ही नहीं देखता, अमन और सौहार्द की उत्कट आशा-आकांक्षा भी रखता है—सांप्रदायिक दंगों और उससे जुड़े विषयों पर उनकी ग़ज़ल में निष्पत्ति इसका एक उदाहरण है। इसमें सत्ता के मठाधीशों पर चोट भी है—

बेख़बर कुर्सियाँ आँख मलती रहीं,
बस्तियाँ बेगुनाहों की जलती रहीं।

और चुभते व्यंग्य की मख़मली मासूमियत भी—

किसने जलाईं बस्तियाँ बाज़ार क्यों लुटे,
मैं चाँद पर गया था, मुझे कुछ पता नहीं।

एक तरफ़ कर्फ़्यू की विवशता है तो दूसरी तरफ़ अमन-आदमीयत की दुआ—

खुले से लान में सब लोग बैठें चाय पिएँ,
दुआ करो के खुदा हमको आदमी कर दे।

उर्दू में भी कविता धार्मिक संकीर्णता और वैचारिक कट्टरता से मुक्त रहकर, आडंबर और पाखंड का सदा से मात्र विरोध ही नहीं करती रही है, बल्कि कर्मकांड के पक्षधर शेख़, ज़ाहिद, मुहतसिब और वाएज़ जैसे धर्मोपदेशकों का खुलकर उपहास भी करती रही है। इस कविता में शेख़ोबिरहमन एक साथ आते हैं और काबे की राह बुतख़ाने से निकलती है। उर्दू कविता की इसी पारंपरिक भावना के प्रभाव से दंगों की पृष्ठभूमि के चित्रण की ग़ज़लों में बशीर बद्र दोनों पक्षों पर कबीर की दृष्टि

डालते हैं–

यहाँ एक बच्चे के खून से जो लिखा हुआ है उसे पढ़ें,
तिरा कीर्तन अभी पाप है अभी मेरा सजदा हराम है।
कहीं मजिस्दों में शहादतें कहीं मंदिरों में अदालतें,
यहाँ कौन करता है फ़ैसला ये कभी किसी को ख़बर न हो।

वे केवल समझाइश या उपालम्भ तक सीमित नहीं रहते बल्कि परस्पर एकता की जोरदार आकांक्षा रखते हैं–

वो धूप के छप्पर हों या छाँव की दीवारें,
अब जो भी उठाएँगे मिल जुल के उठाएँगे।

दंगे हों या आम हिंसक वारदातें, दर्शक को गेहूँ का घुन बनते क्या देर लगती है–

तुम अभी शहर में क्या नए आए हो,
रुक गए राह में हादसा देखकर।

क्योंकि निरपराध होना सुरक्षित होने की गारंटी तब तो नहीं ही होती जब दुनिया झूठ, कपट का निराधार वितान तानने वालों से बनी हो। किंतु ऐसे में कथनी-करनी के फ़र्क, पाखंड और आडंबर पर खुलकर प्रहार आवश्यक है–

जब ज़रा शाम कुछ बेतकल्लुफ़ हुई, बरगज़ीदा फ़रिश्तों के पर नुच गए,
रात का टेप सूरज बजा दे अगर, मोम के पाक चेहरे पिघल जाएँगे।

अँधेरे कमरे में सब लोग अब बरहना हैं,
किसी का हाथ बढ़े और रोशनी कर दे।

अंडा, मछली छूकर जिनको पाप लगे,
उनका पूरा हाथ लहू में डूबा है।

इस दमघोंटू माहौल में आम आदमी वर्तमान युग की आवेदन-संस्कृति का प्रथम पोषक बन गया है और एक मिथ्या आधारहीन-सी आशा के तिनके को पकड़कर मझधार पर विजय के ग़ालिबाना दिवास्वप्न पालता है–

कुछ फल ज़रूर आएँगे रोटी के पेड़ में,
जिस दिन मतालबा मेरा मंजूर हो गया।

बशीर बद्र के यहाँ कठिनाइयों से घिरे, जूझते इस आदमी की छवि इतनी प्रखर है कि प्रकृति भी इसे प्रतिबिंबित करती रहती है–

जब कभी बादलों में घिरता है,
चाँद लगता है आदमी की तरह।

अपने समय के महत्त्वपूर्ण और तात्कालिक प्रश्नों की यह चिंता ही साहित्यकार को अपने समय का इतिहासकार बना देती है और प्रत्येक घटना उसकी दृष्टि में आ जाती है, चाहे बाँग्ला देश में पाकिस्तानी सेना के आत्मसपर्पण का अविस्मरणीय क्षण हो–

जब दोनाली ने रूख़ फेरा सब ग़ाज़ी,
अपने अपने हाथ उठाकर चले गए।

या चाँद पर पहुँचने से उपजी आशा और नए रहस्यों के उद्‌घाटन की आकांक्षा–

तवाफ़ दायरे का पहली बार टूटा है,
ये रहगुज़र हमें इक और रहगुज़र देगी।

बशीर बद्र जगे होने का सतत परिचय देते हैं। बारूद के ढेर पर बैठकर न तो वे वीतराग हो सकते हैं और न ही शृंगार रस की सीमा मात्र को अपनी परिधि मान सकते हैं। वे हथियारों की हत्यारी होड़ और विनाशकारी बमों से उत्पन्न संवेगात्मक और भौतिक संकट तथा हताशा के साक्षी हैं–

आलम का ये सब नक़्शा बच्चों का घरौंदा है,
एक ज़र्रे के क़ब्ज़े में सहमी हुई दुनिया है।

और यह चेतावनी भी देते हैं कि यह मारक युद्ध शक्ति यदि कभी किन्हीं अपरिपक्व हाथों में आ गई तो–

झुँझला के किसी लम्हा वो तोड़ भी सकता है,
इक बच्चे की उँगली से लपटी रगे दुनिया है।

पोषण और विनाश के इस हरि-हर स्वरूप की अनुभूति ही यदि बशीर बद्र को वृक्षपात की वेदना देती है तो हवेली के उजड़ने से अद्‌भुत आश्चर्यजनक आत्म संतोष–

आसमाँ भर गया परिन्दों से,
पेड़ कोई हरा गिरा होगा।

और

क्यों हवेली के उजड़ने का मुझे अफ़सोस हो,
सैकड़ों बेघर परिन्दों के ठिकाने हो गए।

यह पेड़ का गिरना या हवेली का उजड़ना तो अंतिम स्थिति है उस प्रक्रिया को जो सतत सक्रिय है—प्रथमार्ध में उरूज (उत्कर्ष) की ओर और द्वितीयार्ध में इनहितात (क्षरण) की ओर। शोहरत, शरीर, उपलब्धियाँ कुछ भी स्थिर नहीं होता और उत्कर्ष और क्षरण के बीच यात्रा करता रहता है और परिवर्तन की गति ऐसी है कि हेराक्लाइटस घोषणा करता है कि हम एक ही नदी में दो बार प्रवेश नहीं कर सकते। लोहे के पुल के माध्यम से यह दर्शन सहज अभिव्यक्त होता है—

मिरे पाँव स्टील, सीना सड़क, हाथ लकड़ी के जंगले, गुजरते हैं,
जिन पर ट्रक, रेल, मोटर, बसें, रेलगाड़ी।
मगर अब ये महसूस होता है मुझको के कुछ दिन से,
पानी मुझे काटता है, ज़मीं अपने अन्दर ही धँसती चली जा रही है।

संभवतः भौतिक जगत् की इसी क्षण भंगुरता के कारण, बशीर बद्र सौंदर्य के निर्मल आनंद को जस का तस भोगना चाहते हैं! यहाँ यगाना का स्मरण बरबस ही आ जाता है। यगाना को वास्तविक या भौतिक प्रेम से कोई सरोकार नहीं था। उनका प्रियतम कोई व्यक्ति नहीं, सौंदर्य मात्र है। यगाना सौंदर्य को प्रेम पर तरजीह देते हैं, बशीर बद्र सौंदर्य को भौतिक उपयोगिता पर—

फलों की बाग़वानी में तो बारिश को दुआ होगी,
गुज़रते ख़ूबसूरत बादलों को कौन देखेगा।
अगर हम साहिलों पर डोर काँटे ले के बैठेंगे,
तो मौजों में चमकती तितलियों को कौन देखेगा।

किंतु प्रकृति का यह असीमित सौंदर्य तो प्रगति और विज्ञान की चक्की के नीचे दम तोड़ रहा है। लौह प्रस्तर निर्मितियों, जिन्हें स्पेंगलर 'मेगालोपोलिटन सिटी' कहता है, के पीछे मनुष्यों की भीड़ सिर पर आकाश के अतिरिक्त प्रकृति के साक्षात्कार से ही वंचित हो गई है। कंक्रीट के इन जंगलों से उपजे स्थानाभाव ने अतीत की कविता के कई प्रतीकों, मुहावरों और प्रतिमानों को पुराना और अप्रचलित कर दिया है—

अब रोये कहाँ सावन अब तड़पे कहाँ बादल,
आँगन न बग़ीचा है इक छोटा सा कमरा है।
पसीना बंद करने की उमस का जज़्ब है इसमें,
हमारे तौलिए में धूप की ख़ुशबू कहाँ होगी।

बशीर बद्र जदीद शायरों की प्रथम पंक्ति में हैं। सारे नयेपन के बावज़ूद वे अपनी विरासत और परंपरा की उपेक्षा नहीं कर पाते। वे ग़ज़ल की परंपरा में पैदा

हुए, अतीतोन्मुख न होने के कारण परंपरा की सतत समीक्षा उनकी रचनात्मकता के साथ युगपत् सक्रिय रही। रचना अपनी भूमि पर ही उपजती और विकास पाती है। इसलिए अपनी विरासत की ज़मीन का दामन न तो वे पूरी तरह छोड़ना चाहते हैं, न ही परंपरा से पूरी तरह कटना–

राहें रवायतों की अगर रौंदने चलूँ,
सर पर मुझे बुजुर्गों का दामन भी चाहिए।

और इसीलिए हिंदी-उर्दू की काव्य परंपरा के चित्र उनकी रचनाओं में यत्र-तत्र प्रकट होते रहते हैं। चाहे मीरा की 'सूली ऊपर सेज पिया की' से ली हुई इमेजरी हो–

मिरी छत से रात की सेज तक कोई आँसुओं की लकीर है,
ज़रा बढ़ के चाँद से पूछना वह उसी तरफ़ से गया न हो।

या पूरी तरह कबीर की बात–

माटी की कच्ची गागर को क्या खोना, क्या पाना, बाबा,
माटी को माटी रहना है, माटी में मिल जाना, बाबा।

बशीर बद्र के कलाम में सबकी साझेदारी है। तुलसी के–

सकल पदारथ एहि जग माहीं,
करमहीन नर पावत नाहीं।

की 'अकर्मण्यता' बशीर बद्र के कलाम में सामाजिक बंधन और मूल्य जनित विवशता के रूप में प्रकट होती है–

देने वाले ने दिया सब कुछ अजब अन्दाज़ में,
सामने दुनिया पड़ी है और उठा सकते नहीं।

उर्दू परंपरा में बशीर बद्र मीर के साहित्यिक वंशज हैं, रचना शैशव उन्होंने फ़िराक़ के सान्निध्य और प्रभाव में बिताया है। अतः इन दोनों का प्रभाव इनके कलाम पर है। जब मीर तक़ी मीर कहते हैं–

दिल की बरबादी का क्या मज़्कूर है,
यह नगर सौ मर्तबा लूटा गया।
या
दिल वो नगर नहीं है जो आबाद हो सके,
पछताओगे सुनो हो ये बस्ती उजाड़ के।

या

दिल की आबादी की इस हद है ख़राबी कि न पूछ,
जाना जाता है कि इस राह से लश्कर गुज़रा।

तो यहाँ दिल का शब्द दिल्ली का पर्यायवाची बन जाता है जो भीतरी और बाहरी हमलों से तहस-नहस होती रहती थी। मीर की इशारों की ज़बान, बशीर बद्र थोड़ी ऋजुता के साथ दोहराते हैं–

दिल की बस्ती पुरानी दिल्ली है,
जो भी गुज़रा है उसने लूटा है।

उन्होंने अपनी ग़ज़लों के अधिकांश शे'रों में फ़िराक़ के लम्हों को नई ज़ुबान देकर रिवायत को दो कदम और बढ़ाने का कार्य भी किया है। उनके अत्यंत मशहूर शे'र–

मुसाफ़िर हैं हम भी, मुसाफ़िर हो तुम भी,
किसी मोड़ पर फिर मुलाक़ात होगी।

पर फ़िराक़ के शे'र की पुनरावृत्ति जैसी छाप है–

हम भी मुसाफ़िर तुम भी मुसाफ़िर,
साथ चलें तो अच्छा हो।

ये और बात है कि फ़िराक़ का यह शे'र अच्छा नहीं बन पड़ा है और इसीलिए इसके जानने वाले बिरले ही होंगे, जबकि बशीर बद्र का उक्त शे'र हर खासो आम की ज़ुबान पर है। ऐसा बशीर बद्र के साथ भी हुआ है। उठाए विषय और प्रत्यय का कौमार्य असंदिग्ध है पर काव्याभिव्यक्ति बहुत अच्छी नहीं बन पड़ी–

कितनी सदियों की क़िस्मतों का अमीं,
कोई समझे बिसाते लम्हा क्या।

इसी चिंतन को मुजफ़्फ़र रज़्मी ने बाद में अमर अभिव्यक्ति दी–

वो जब्र भी देखा है तारीख़ की आँखों ने,
लम्हों ने ख़ता की थी, सदियों ने सज़ा पाई है।

फ़िराक़ ने कहा था, 'शाइर का कर्तव्य है कि वह तमाम साहित्यिक आंदोलनों से प्रभावित तथा उनके जीवित तत्त्वों का अपनी शाइरी में समावेश करता रहे।' बशीर बद्र के प्रारंभिक रचना काल में कुछ लोगों द्वारा 'ऐंटी ग़ज़ल' का एक दौर शुरू किया गया था जिसमें गाली के भाव, गुस्सा और गंदगी का ज़िक्र केंद्रीय था। बशीर बद्र

भी इस रौ में बह गए—

अगर मुझको किरनों के नेज़े लगे,
मैं कुत्ते को कच्चा चबा जाऊँगा।

अगर बूढ़े कमरे की बत्ती बुझी,
मैं खूँखार बिल्ली को खा जाऊँगा।

ऐंटी ग़ज़ल का यह दौर ग़ज़ल की पारंपरिक मुलायमियत, नजाकत और सांकेतिकता से असंगत था इसलिए क्षणिक ही रहा। बशीर बद्र को भी सद्बुद्धि शीघ्र ही आ गई और वे शाम होने से पहले घर लौट आए। उनकी रचनाधर्मिता में ऐसी रचनाओं के लिए स्थान भी नहीं था। गाली-गलौज के ये शे'र उनकी लेखनी से ऐसे लगते थे जैसे हिरन के हाथ में बंदूक दे दी गई हो। दुर्भाग्य से कुछ आलोचकों ने इन ग़ज़लों को काफ़ी महत्त्व दिया।

हर एक ज़िंदा शाइर के सरमाए में अच्छे-बुरे सभी तरह के शे'र मिलते हैं, मिलने भी चाहिए, बशीर बद्र के साथ भी ऐसा हुआ है। उनकी ग़ज़लों में भी कुछ कमजोर शे'र मिल जाते हैं, जैसे—

इस हादसे से मेरा तआलुक़ नहीं कोई,
मेले में एक साल कई बच्चे खोये थे।

चेहरे पर केले के छिलके भी मारें,
बल्ले से पहले अगर गेंद घूम जाए।

ज़र्द कुत्ते की सुर्ख़ जीभ कभी,
सुरमई रात की थकन चाटे।

साहिल पे मछली ने कपड़े उतारे,
चढ़े हुए दरया की धार कहे हाय।

ग़ज़ल की निर्धारित भाषा व शब्दकोश से बाहर निकालने के प्रयास में वे नए-नए चित्र ढूँढ़ने लगते हैं, और इस प्रयास में अनजाने ही उनका नयापन उन्हीं के कलाम में पुराना होने लगता है। इमेजेस, प्रतीकों और उपमानों की पुनरावृत्ति होने लगती है। कुछेक चुनिंदा शब्द बहुधा प्रयुक्त होने लगते हैं, जैसे लान, चाँद, धूप, मछली, फूल, आँसू, जुगनू, परिन्दा, शाल, शजर आदि। किसी खूबसूरत ग़ज़ल या शे'र में इन शब्दों की पुनरावृत्ति ऐसी प्रतीत होती है मानों बड़ी कल्पनाशीलता से सोने के गणेश जी बनाए, और पीतल के दाँत लगा दिए !

इन कुछेक कमजोर या अर्थवत्ता रहित शे'रों के कारण बशीर बद्र की आलोचना भी हुई है। अक्सर उन शे'रों को ही उद्घाटित किया गया है, जो बशीर बद्र ने चरित्रों के चित्रांकन के दौरान कहे हैं, जैसे—

रात फिर चाँद ने जगाकर कहा,
एक लड़की तुम्हारा पता ले गई।
और
बीच बाज़ार में गा रहा था कोई,
आओ ना मेरी जान चाँदनी चौक में।

इस तरह यह पूरी आलोचना पूर्णतः इकहरी रह गई है। उदाहरण के लिए केवल एक शे'र पर दृष्टिपात करें। जब वे कहते हैं–

मेरी निगाह मुख़ातिब से बात करते हुए,
तमाम जिस्म के कपड़े उतार लेती है।

तो यह चित्र किसी विकृति मानसिकता का परिचायक न होकर मात्र मुख़ातिब के अंतर्बाह्य समग्र सम्यक् मूल्यांकन कर लेने की क्षमता का बयान भर है। यही बात पाकिस्तानी शाइर स्व. शकेब जलाली ने थोड़ी सपाट बयानी के साथ कही है–

मेरी निगाह से कहाँ छुपकर रहेगा कोई,
कि अब तो संग भी शीशा दिखाई देता है।

या फिर फ़िराक़ गोरखपुरी ने जब कहा–

अब जवाँ हो चुकी है शामे विसाल,
ख़िलवते नीमशव है कपड़े उतार।

तो अर्थ मात्र इतना ही था कि परिचय पुराना और प्रगाढ़ हो चुका है, औपचारिकता और आडंबर का आवरण त्याग दो।

संक्षेप में बशीर बद्र का पूरा कलाम खजुराहो की कलाकृतियों की तरह है जहाँ कुछ-कुछ आलोचना है तो अमरता देने वाली बुलंदी भी।

यह संकलन मेरे सहयोगी श्री एस.टी. पाशा, जो अपने जमाने के बड़े मक़बूल शाइर जनाब तौफीक़-उल-हसन (तौफ़ीक़ इटावी) के साहबज़ादे हैं, के अथक परिश्रम के बिना कभी पूरा नहीं होता। उन्होंने हिंदी और उर्दू दोनों भाषाओं की सहज दक्षता के साथ प्रारंभिक लिप्यंतर तैयार करने में मुख्य भूमिका अदा की। श्री राजेश तिवारी ने बड़ी कुशलता और परिश्रम से टंकण कार्य किया। मेरे मित्र श्री विजय वाते विशेष धन्यवाद के पात्र हैं, जिनसे मैंने रक़ीब की तरह, न केवल यह कार्य लगभग छीना, बल्कि मित्र की भाँति हर कदम पर राय और सहयोग भी प्राप्त किया। अंत में डॉ. बशीर बद्र को धन्यवाद समर्पित करना अनिवार्य है, जो इस संकलन की तैयारी के दौरान मेरी सहस्रों शंकाओं के समाधान के लिए सदैव तत्पर रहे।

–बसंत प्रताप सिंह

–'कल्चर यक्साँ' की भूमिका से

यह लिप्यन्तर...?

पिछले दिनों एक यात्रा के दौरान गुजरात के बड़ोदरा स्टेशन से गुज़रना पड़ा। ट्रेन वहाँ कुछ ज़्यादा ही देर तक रुकती है, इसलिए यूँ ही प्लेटफ़ॉर्म पर बुक-स्टाल में सजी किताबें टटोलने लगा। अनायास ही पेपर बैक में छपी एक छोटी-सी पतली किताब हाथ आ गई, जिसके कवर पर गुजराती लिपि में लिखा था 'बशीर बद्र'। किताब को खोलकर देखा, कोई 60 ग़ज़लें गुजराती में छपी हुई थीं जिन्हें निदा फाज़ली ने संकलित किया था। मैं गुजराती जानता हूँ, सो वह किताब खरीद ली और मुम्बई तक की यात्रा में पूरी पढ़ गया। इस किताब ने मेरे सामने डॉ. बशीर बद्र के कुछ नए रूपों को उद्‌घाटित किया।

डॉ. बशीर बद्र को यहाँ-वहाँ कुछ-कुछ सुना था, उनके कुछ मशहूर शे'रों से मैं उसी तरह वाक़िफ़ था, जिस तरह ज्ञानी जैल सिंह, श्रीमती इंदिरा गाँधी, जुल्फिकार अली भुट्टो से लेकर एक रिक्शे वाले, ट्रक ड्राइवर और कुली, मज़दूर तक के तमाम लोगों की एक लंबी रेंज वाक़िफ़ और प्रभावित है। मुझे मालूम था कि—

उजाले अपनी यादों के हमारे साथ रहने दो,
न जाने किस गली में ज़िन्दगी की शाम हो जाए।
और
दुश्मनी जमकर करो लेकिन ये गुंजाइश रहे,
जब कभी हम दोस्त हो जाएँ तो शर्मिन्दा न हों।

जैसे मशहूर शे'र डॉ. बशीर बद्र ने कहे हैं और जो कुछ और मशहूर शे'र उनकी उपलब्धियों में शामिल हैं, जैसे—

कोई हाथ भी न मिलाएगा जो गले मिलोगे तपाक से,
ये नए मिज़ाज का शहर है ज़रा फासले से मिला करो।

कुछ तो मजबूरियाँ रही होंगी,
यों कोई बेवफ़ा नहीं होता।

लोग टूट जाते हैं एक घर बनाने में,
तुम तरस नहीं खाते बस्तियाँ जलाने में।

जैसे शे'र जो 8-10 करोड़ लोगों की ज़िंदगी के साथ चलते हुए उनकी तकरीर और गुफ़्तगू का हिस्सा बन गए हैं, भी डॉ. बशीर बद्र ने कहे हैं। मुझे सबसे ज़्यादा मज़ा तब आया जब एक सड़क-यात्रा में मेरे साथ चल रहे मेरे दोस्त ने मुझे बताया कि आगे जा रहे ट्रक के डाले पर लिखा हुआ शे'र डॉ. बशीर बद्र का है। शे'र कुछ यूँ था—

मुसाफ़िर हैं हम भी, मुसाफ़िर हो तुम भी,
किसी मोड़ पर फिर मुलाक़ात होगी।

कुछ दिनों बाद मैंने एक और ट्रक के डाले पर लिखा हुआ देखा—

दुश्मनी का सफ़र, एक क़दम-दो क़दम,
तुम भी थक जाओगे, हम भी थक जाएँगे।

लुब्बोलुबाब यह कि आम हिंदी पाठकों की तरह मैं भी डॉ. बशीर बद्र को उर्दू का वो शाइर मानता था जिसने कामयाबी की बुलंदियों को फ़तह कर एक लंबी रेंज के लोगों के दिलों की धड़कनों को अपनी शाइरी में उतारा है। गुजराती में छपे इस छोटे-से संग्रह ने ही मुझे यह बताया कि डॉ. बशीर बद्र इन पंद्रह-पच्चीस महान् उद्धरणों से आगे भी ज़िंदगी और कविता के मज़बूत पायों के शाइर हैं। इस किताब में मैंने जब उनका यह शे'र पढ़ा—

धूप के ऊँचे-नीचे रस्तों को,
एक कमरे का बल्ब क्या जाने।

तो पता लगा कि डॉक्टर साहब के वो शे'र जो मीर-ओ-ग़ालिब के शे'रों की तरह मशहूर हैं, अतः अच्छे हैं ही और ग़ज़ल के सरमाए का एक अहम हिस्सा भी, लेकिन जो शे'र कल की ग़ज़ल का पैग़म्बर बनेंगे, उनसे मेरा साक्षात्कार नहीं हुआ था। मुझे यह भी लगा कि अव्वल तो डॉ. बशीर बद्र उर्दू लिपि में लिखने और छपने के बावजूद निखालिस उर्दू शाइर नहीं हैं और दूसरे हिंदी कविता के वर्तमान परिदृश्य में वे एक ऐसी आवश्यकता हैं, जिसके बिना यह परिदृश्य अधूरा नहीं तो कम-से-कम कुछ कम अवश्य लगेगा। लगा जैसे एक ख़ास लिपि के अज्ञान की दीवारें हिंदी के पाठकों और काव्य-रसिकों के लिए एक ऐसा कमरा बन गई हैं, जहाँ से ऊँचे-नीचे

रस्तों की धूप, कमरे के बल्ब तक और कमरे के बल्ब की रोशनी, धूप के ऊँचे-नीचे रस्तों तक नहीं पहुँच पा रही है। फिर मैंने सोचा कि गुजराती में कुछ लोगों ने दीवारें तोड़ने का यह काम अगर कर लिया है, तो हिंदी में भी कुछ लोगों ने किया ही होगा, और किताबों की कई दुकानों को खँगाल मारा, कई शायरों के लिप्यन्तर पढ़े। वे मुझे अच्छे लिप्यंतर लगे और उर्दू शाइरी का ख़ासा लुत्फ भी मिला, लेकिन डॉ. बशीर बद्र की कोई किताब देवनागरी में नहीं मिल पाई और ग़ज़ल को हिंदी और उर्दू के खंडों से निकालकर महसूस करना भी संभव नहीं हो पाया।

इसी दौरान सापेक्ष के ग़ज़ल विशेषांक के संपादन में सहयोग का मौक़ा मुझे मिला। मेरा तबादला भी भोपाल हो गया, जहाँ मुझे पता चला कि डॉ. बशीर बद्र भोपाल में ही मेरे आफ़िस से करीब दो सौ गज की दूरी पर रह रहे हैं। मैंने सोचा कि क्यों न हिंदी ग़ज़ल पर उनका एक इंटरव्यू कर लिया जाए। डॉ. साहब ने अपनी बीमारी के बावजूद बात करने के लिए सहमति दे दी और इंटरव्यू के शुरुआत में ही मैंने उन्हें यह कहकर छेड़ दिया कि वे उर्दू के एक बड़े शाइर हैं, "हिंदी ग़ज़ल पर अपनी टिप्पणी करें।" मेरी बात पूरी होने से पहले ही प्रतिवाद के स्वर और कुछ रूखे अंदाज़ में उन्होंने कहा कि मैं उर्दू-हिंदी भाषा का शाइर नहीं हूँ, मैं सिर्फ़ ग़ज़ल की भाषा का शाइर हूँ। इस तरह शुरुआत में ही उन्होंने मुझे चेता दिया कि बातचीत सिर्फ़ ग़ज़ल पर होगी, हिंदी ग़ज़ल या उर्दू ग़ज़ल पर नहीं। फिर तो बातों का एक लंबा सिलसिला चल पड़ा, और उस दौरान एक मज़ेदार मौक़ा तब आया जब मैंने उन्हें उनके बहुत पढ़े जाने वाले मशहूर शे'रों के बारे में छेड़ दिया। चिढ़ते तो डॉ. साहब कभी नहीं हैं, लेकिन एक हल्की-सी रुखाई ज़रूर उनके स्वर में कौंधी और उन्होंने पूछा, "मैं अपने इन मशहूर शे'रों की धौंस में क्यों आऊँ ?" फिलहाल इस इंटरव्यू के दौरान हिंदी कविता और उर्दू शाइरी पर लंबी बातचीत हुई। डॉ. साहब ने पूरी जिम्मेदारी के साथ यह दावा भी किया कि ग़ज़ल का आने वाले कल का बड़ा शाइर अब हिंदी में ही पैदा होगा और यह आशा भी व्यक्त की कि सिंधी, गुजराती, मराठी की तरह कल अंग्रेज़ी में भी ग़ज़लें कही जाएँगी और इस बात पर अफ़सोस भी जाहिर किया कि उन्हें देवनागरी पढ़ने का अच्छा अभ्यास नहीं होने के कारण वे हिंदी कविता के अध्ययन और लुत्फ से महरूम रह गए हैं।

इस बातचीत के दौरान उन्होंने अपनी कुछ ऐसी ग़ज़लें सुनाई जो न तो देवनागरी में छपी हैं, न मुशायरों में सुनी गई हैं। एक ग़ज़ल का शे'र कुछ यूँ था–

सड़कों, बाज़ारों, मकानों, दफ़्तरों में रात-दिन,
लाल-पीली, सब्ज़ नीली, जलती-बुझती औरतें।

हिंदी की ग़ज़ल की परंपरा में, जो उर्दू से ही आई है, डॉ. बशीर बद्र का स्थान मीर तक़ी मीर की विरासत है। यों तो आज ग़ज़ल को हिंदी और उर्दू के

दायरे में देखना ही अनुचित है, क्योंकि सांस्कृतिक आदान-प्रदान के युग में मात्र लैपिकीय प्रयोग के प्रति यह दृष्टिकोण संकीर्ण और अप्रासंगिक ही है। भाषाओं के सम्मिश्रण से जब भाषिक विकास होता है, तो यह सम्मिश्रण केवल शब्दों का ही नहीं, वरन् उन भाषाओं के पीछे की समूची सांस्कृतिक अवधारणाओं का होता है। इस प्रक्रिया में एक भाषा दूसरी भाषा के नज़दीक, केवल अपना स्थूल शब्दकोश लेकर नहीं आती, बल्कि एक पूरी की पूरी दुनिया अपने साथ लेकर आती है। उर्दू का हिंदी में प्रवेश कोई आकस्मिक घटना नहीं है, यह भारत में स्वातंत्र्योत्तर काल में विकसित हुई एक संस्कृति की कथा है। कठिनाई यह है कि हम जिस तरह खड़ी बोली की कविता-यात्रा में उर्दू अदब के किंचित् प्रभाव को भी विचार में नहीं लेते, उसी तरह हिंदी ग़ज़ल की प्रकृति का फ़ैसला करते वक़्त पूरी गंभीरता से दुष्यन्त कुमार के पीछे भी नहीं जाना चाहते। आज आम बोलचाल में उर्दू अंग्रेज़ी का प्रयोग अबोध विधि व निष्कपट भाव से कुछ इस प्रकार हो रहा है, कि इन भाषाओं के अनेकों शब्द अपनी सत्ता को पीछे छोड़कर हिंदी से एकात्म हो गये हैं, दरअसल इसी प्रक्रिया के चलते ही कविता की भाषा और बोलचाल में भाषा के कंपार्टमेंट भी टूटते हैं। अपनी आंतरिक जरूरत के तहत रचना को बोलचाल के जिस शब्द की जरूरत होती है, वह उसे निस्संकोच अपना लेती है। अपनी कथित चरित्रगत स्वच्छता बनाए रखने और भाषा की मूल सत्ता खो जाने के भय से वह अभिव्यंजना को अधूरा नहीं छोड़ती। यही हिंदी के बड़े कवियों ने किया है और मीर तक़ी मीर और कुछ उर्दू शायरों ने, जिनमें डॉ. बशीर बद्र का नाम सबसे ऊपर लिया जाना जरूरी है। डॉ. साहब ने इस सिलसिले में अंग्रेज़ी से भी कोई परहेज नहीं किया है। उन्होंने पहली बार उन अंग्रेज़ी शब्दों को ग़ज़ल बनाया, जो हमारी भाषा का हिस्सा हो गए थे। उनके पहले ग़ज़ल में ये करतब सोचा भी नहीं जा सकता था। कुछ उदाहरण देखिए—

> थके थके पेडल के बीच चले सूरज,
> घर की तरफ़ लौटी दफ़्तर की शाम।
> वो जाफ़रानी पुलोवर उसी का हिस्सा है,
> कोई जो दूसरा पहने तो दूसरा ही लगे।

विषयांतर का थोड़ा ख़तरा उठाते हुए यहाँ हम यह भी देख सकते हैं कि सिर्फ़ भाषा के स्तर पर ही नहीं, अपितु ग़ज़ल को युगीन चेतना से युक्त बौद्धिक प्रतीक धर्मिता से जोड़कर भी डॉ. बशीर बद्र ने एक बुनियादी काम किया है। हिंदी, उर्दू, अंग्रेज़ी, पर्शियान की गैरग़ज़ली शब्दराशि को पूरी सहजता के साथ अपने शे'रों में समाहित कर उन्होंने नई ग़ज़ल के लिए जहाँ एक विशाल शब्दकोश खुला छोड़ दिया है वहीं ग़ज़ल को पारंपरिक बिंबों, मुहावरों और रूपकों की जड़ता से निकालकर समकालीन

चेतना के साथ साँस लेना सिखा दिया है। बिना किसी शोर-शराबे और नारेबाज़ी के ग़ज़ल महफ़िलों से बाहर आकर शहरों, गाँवों, घर, परिवार, प्रेम, वियोग, कारखानों, बगीचों और प्रकृति के साथ-साथ रेल, बसों और किताबों में आकर रम गई। यह ग़ज़ल का पुनर्जीवन है। इसीलिए शायद यह अकारण नहीं है कि डॉ. बशीर बद्र की ग़ज़लों में शमा परवाना जागोमीनासाकी का प्रयोग सिरे से ग़ायब मिलता है। अभिव्यंजना में दुराग्रहों से कोसों दूर रहने वाले डॉ. बशीर बद्र ने यहाँ दुराग्रह से काम लिया है।

कभी जो संज्ञा वाचक शब्द किसी वस्तु विशेष का बोध कराते थे, वे आगे चलकर बहुत सहज बिंब हो जाते हैं और संज्ञाओं के पीछे के आदमी की हँसी-खुशी, आशाओं, आकांक्षाओं, चिंताओं, उद्वेगों, आवेगों का मूर्त बोध कराने लगते हैं। यादों के साथ उजाले, मृत्यु के साथ शाम और जीवन के साथ अनेकानेक गलियों का रूपक अब भाषा में एकाकार हो गए हैं, यहाँ संप्रेषण के किसी माध्यम की आवश्यकता नहीं रह जाती है और यह रूपक जन-जन तक आसानी से पहुँचने वाली कविता की पहचान बन जाते हैं यही काव्य की विकास यात्रा है। कवि की निजी नितांत वैयक्तिकता के क्षणों में उसके आस-पास की चीजें, मेज, कुर्सी, सूरज, रेल की पटरी, नारियल के दरख़्त, अटैची, कोट आदि के पीछे जो आदमी है, वह उससे बातचीत करता है और यह बातचीत जब एक सार्थक अभिव्यंजना के रूप में फूट पड़ती है तो वह एक महान् कविता ही होती है। आज की भाषा में ये रूपक संज्ञा की परिधि के बाहर नहीं आ पाने से यदि आमफहम नहीं हो पाए हैं, तो भी इस बात की क्या गारंटी है कि आने वाले कल के काव्य रसिक इनके भीतर के इंसान को नहीं पहचान पाएँगे ? पाठक पर ऐसा अविश्वास करना काव्य की विकास यात्रा पर अविश्वास करना है।

जब डॉ. बशीर बद्र कहते हैं–

बारिशों में किसी पेड़ को देखना,
शाल ओढ़े हुए भीगता कौन है।

तो वे किसी पेड़ को एक ऊनी कपड़ा तो नहीं ओढ़ाते हैं। जब रात के घुप्प अँधेरे में दूर से आती हुई रेल को देखकर डॉ. बशीर बद्र कहते हैं–

पीछे-पीछे रात थी तारों का एक लश्कर लिए,
रेल की पटरी पे सूरज चल रहा था रात को।

तो यह मंज़र, सिर्फ़ रात के अँधेरे में चल रही रेल का मंज़र ही तो नहीं होता, बल्कि एक चलती-फिरती जीवंत दुनिया होती है। और जब वे कहते हैं–

नारियल के दरख़्तों की पागल हवा, खुल गए बादवाँ लौट जा लौट जा,
साँवली सरज़मीं पर मैं अगले बरस फूल खिलने से पहले ही आ जाऊँगा।

या

सब्ज़ पत्ते धूप की ये आग जब पी जाएँगे,
उजले फर के कोट पहने हल्के जाड़े आएँगे।

और जब वे कहते हैं—

मुझको शाम बता देती है,
तुम कैसे कपड़े पहने हो।

या

सारे दिन की थकी साहिली रेत पर,
दो तड़पती हुई मछलियाँ सो गईं।

झिलमिलाते हैं किश्तियों में दिये,
पुल खड़े सो रहे हैं पानी में।

और उससे भी आगे जाकर जब कहते हैं—

कच्चे फल कोट की जेब में ठूँसकर जैसे ही मैं किताबों की जानिब बढ़ा,
गैलरी में छुपी दोपहर ने मुझे नारियल की तरह तोड़कर पी लिया।

तो डॉ. बशीर बद्र का वह रूप सामने आता है, जिसके बारे में उन्होंने खुद ही एक जगह कहा है—

कोई फूल धूप की पत्तियों में हरे रिबन से बँधा हुआ,
ये ग़ज़ल का लहज़ा नया-नया न कहा न सुना हुआ।

ग़ज़ल के इन शे'रों का आज लोकप्रिय न होना गुणवत्ता की कोई कसौटी नहीं है, और इस बात की गारंटी भी नहीं है कि कल या आज भी, नारियल के दरख़्तों की पागल हवा के पीछे काव्य-रसिक भारत के धुर दक्षिण में समंदर के किनारे की किसी अल्हड़ युवती को न देख पाये। ऐसा सोचना कविता की विकास यात्रा में अनास्था ज़ाहिर करना है।

ग़ज़ल के साथ जो बहुत सी ग़लतफ़हमियाँ जुड़ी हैं, उनमें से एक रूपकों और बिंबों के पुनरावर्तन से निकली संप्रेषणीय सहजता की विशिष्टता भी है। बल्कि आमतौर पर तो यह ग़ज़ल की अनिवार्यता ही मानी जाती है। इसी ग़लतफ़हमी के चलते जहाँ एक ओर हिंदी कविता के मर्मज्ञ ग़ज़ल को ही कविता से खारिज कर देते हैं वहीं दूसरी ओर डॉ. बशीर बद्र की उन ग़ज़लों पर पर्याप्त आलोचना उर्दू हिंदी में भी नहीं की गई जिसमें एकदम नये बिंब व रूपक हैं, जिसकी इमेजरी नयी दुनिया

से लाई हुई इमेजरी है, जो एक तरह से ग़ज़ल की परंपरा को आगे बढ़ाते हुए भी पारंपरिकता से डिपार्चर है। यहाँ बशीर बद्र के जो शे'र दुनिया भर में सबसे मशहूर शे'र हैं, उनकी काव्यगत गुणवत्ता पर कोई टिप्पणी किए बगैर मैं यह कहना चाहूँगा कि उनका असली कारनामा आज की वैश्विक जिंदगी से नए इंसान की तलाश किया जाना है, जिस पर अभी काफी कुछ लिखा जाना था।

डॉ. बशीर बद्र ने शब्दों से अपनी बात बुलवाने का काम लिया है और इस दौरान उन्होंने शब्द में अपनी ज़मीन और मिट्टी के संस्कार बो दिए हैं। यही कारण है कि उनके 'शब्द' उनकी ग़ज़लों के हिंदी या उर्दू होने पर कोई फ़ैसला नहीं दे सकते हैं। अगर उनकी ग़ज़लियत पर उर्दू आलोचना में कुछ सवालात उठाए भी गये हैं, तो शायद इसलिए कि वे एक रची-रचाई बँधी-बँधाई बिंब योजना, रूपकों और मुहावरों से बाहर चले गये हैं। लेकिन इस तरह बाहर जाना उनकी मजबूरी थी, क्योंकि रचना की आत्मतुष्ट वैयक्तिकता और रूमानी भाववाद के जिस दौर में, सामाजिक चिंता और मानवीय सरोकारों में बँधे कवि एक गहरा अँधेरा महसूस कर रहे थे, जहाँ एक ओर किशोर भावुकता की भीड़ लगी थी और दूसरी ओर कलावाद के नये-नये जुमले पाठक को छल रहे थे, कुछ हिंदी कवियों की तरह डॉ. बशीर बद्र ने भी अपनी ग़ज़ल के शे'रों में उस देशकाल की मिट्टी के संस्कार बो दिए जिन्होंने अगली पीढ़ी को भी प्रभावित किया। उनकी काव्य-भाषा, मुहावरे और अभिव्यक्ति के सीधे नुकीलेपन ने इस कविता को आकर्षक बनाया। यहाँ कविता साधारण आदमी के साथ जीवन के तर्क या प्रश्न नहीं करती, उसे असहायता में खीझकर छोड़ नहीं देती, उसे उपदेश और सलाह भी नहीं देती, देती है तो सिर्फ़ एक दिलासा। उनकी कविताएँ या शे'र किसी दिशा विशेष की ओर से ले जाने की वजह से नहीं, बल्कि मानवीय संबंधों के सार्थक आश्वासन और आत्मविश्वास को संवेदनात्मक बल पहुँचाने की वजह से श्रेष्ठ हैं, इसीलिए लिप्यंतर का यह उपक्रम भी है।

डॉ. बद्र की कविता का अत्यंत प्रीतिकर पक्ष उनकी सादगी है। कितने भोलेपन से वे कह जाते हैं—

> हम से मुसाफ़िरों का सफ़र इन्तिज़ार है,
> सब खिड़कियों के सामने लम्बी क़तार है।

और ऐसे ही कहते हैं—

> हम क्या जानें दीवारों से, कैसे धूप उतरती होगी,
> रात रहे बाहर जाना है, रात गए घर आना बाबा।

तो लगता है कि यह भोलापन सिर्फ़ अभिव्यंजना का भोलापन नहीं है। यह

इसलिए आकर्षित करता है कि जहाँ कविता एक छोर पर सहजता की आड़ में, कविता जहाँ सपाटबयानी और वक्तव्य का पर्याय हो गई है, वहीं दूसरे छोर पर वह गहरी और मार्मिक होने की प्रक्रिया में जटिल और दूभर हो गई। जन की पक्षधरता के बावजूद कवि जन तक पहुँचने वाली कविता अक्सर नहीं दे सके। नयी कविता का भाषा का आदर्श भले ही बोलचाल की भाषा रहा हो, लेकिन कई जगह अनुभूतियों के एकांत, अपरिचित प्रतीक संयोजन और शैली की वक्रता ने उसे जटिल बना दिया है। कुल मिलाकर अगर भाषा सहज हुई तो भी वह सहजता दिखावटी ही रही। डॉ. बशीर बद्र ने माना है कि अभिव्यक्ति प्रक्रिया का मुख्य काम अनुभव और विचार को अधिक सार्थक, सघन और प्रभावी बनाना है। युद्ध का हथियार बनाने वाले कारीगर में योद्धा का सा आक्रोश नहीं होता, लेकिन अस्त्र की मारक क्षमता और युद्ध में उसके होने वाले प्रभाव पर निगाह ज़रूर होती है। विषमताओं पर तीखे प्रहार भी कितनी बाल सुलभ मासूमियत से किए जा सकते हैं, यह इस शे'र से स्पष्ट हो जाएगा–

किसने जलाईं बस्तियाँ बाज़ार क्यों लुटे,
मैं चाँद पर गया था मुझको कुछ पता नहीं।

सहजता में कविता एक चिंतन को कैसे रूप दे सकती है ये डॉ. साहब की कविता में देखा जा सकता है और यह भी कि संप्रेषण के स्तर पर सरलता से उपलब्ध कविता अनुभूति और रचना-प्रक्रिया के स्तर पर सहज होते हुए भी अपने पीछे से कवि के आत्म-संघर्ष, भीतरी खोजें, बेचैनी, उसके अध्ययन और चिंतन के सरोकारों से लबालब होती है। इसीलिए दंगों की त्रासदी पर वह आसानी से कह सकता है :

मकां से क्या मुझे लेना मकां तुमको मुबारक हो,
मगर ये घासवाला रेशमी कालीन मेरा है।

ये ग़ज़ल कविता आश्वस्त करती है कि अभिव्यंजना के लिए माध्यम की न तो कोई मर्यादा होती है, न ही उसकी कोई भाषा। अगर ऐसी कोई मर्यादा है तो मानवीय सरोकारों की, और कोई भाषा है तो हमारे आस-पास साँस ले रही ज़िंदगी की। डॉ. बशीर बद्र इसी भाषा के कवि हैं और इसलिए जब वे कहते हैं कि वे उर्दू लिपि में लिखी जाने वाली ग़ज़ल की भाषा के शाइर हैं, तो यह लिप्यंतर जरूरी हो जाता है।

इस संकलन में डॉ. बशीर बद्र की तीन तरह की ग़ज़लें संकलित हैं। पहले वर्ग में वे ग़ज़लें आती हैं, जो आमफहम और अत्यधिक लोकप्रिय हैं। दूसरे वर्ग में वे जो पारंपरिक उर्दू संस्कारों की ग़ज़लें हैं। और तीसरे वर्ग में वे ग़ज़लें, जिन्होंने

अपने बाद की ग़ज़ल कविता के लिए कई बंद दरवाज़े खोले हैं, कई रास्ते बनाए हैं, लेकिन कई क्षितिज अधखुले छोड़ दिए हैं। मैं डॉ. बशीर बद्र साहब का अत्यंत आभारी हूँ कि उन्होंने मुझे अपनी करीब 500 ग़ज़लों में से ये 100 ग़ज़लें चयनित करने और प्रकाशित करवाने की अनुमति दी। इस पुस्तिका के प्रकाशन की तैयारी में अपने मित्र श्री राजकुमार सिंह सेंगर और श्री मनोज सिंह सिसौदिया द्वारा किए गए सहयोग के लिए मैं उनका भी आभारी हूँ।

—विजय वाते

—'ग़ज़ल' पुस्तक से

बशीर बद्र की ग़ज़लों ने लोकप्रियता के जो मे'यार क़ायम किए हैं उन पर किसी भी क़लमकार को रश्क हो सकता है। उनकी ग़ज़लों ने शे'र-ओ-अदब के गंभीर पाठक-श्रोताओं से लेकर उस अवाम तक अपनी पहुँच बनाई है जो शे'र की बारीकियों को जाने बग़ैर भी शाइरी से आनंदित होते हैं। शाइरी की इतनी व्यापक रेंज कम शाइरों के यहाँ मिलेगी।

अपनी तासीर में बशीर बद्र की ग़ज़लें नन्ही दूब पर अटकी हुई ओस की बूँद और सर्दी में पेड़ की फुनगी पर उतरती हुई मुलायम धूप की तरह हैं। यहाँ प्रकृति आदमी के एहसास का हिस्सा है। उन्होंने शाइरी को सर्वथा नए प्रकृति-बिंबों से समृद्ध किया है। लेकिन उनकी ग़ज़लों में जो छाया-प्रकाश के रूप-रंगों की सहरकारी है, उसकी तह में हमारे दौर के क्रूर सवाल भी मौजूद हैं।

'आस' में बशीर बद्र की रचनात्मकता का उत्कृष्ट रूप मौजूद है। साहित्य अकादेमी पुरस्कार से सम्मानित यह संग्रह उनकी कुछ नई ग़ज़लों के साथ पहली बार देवनागरी में प्रकाशित हो रहा है।

बशीर बद्र की दृष्टि समकालीन जीवन के उन कोनों-अंतरों तक जाती है, जहाँ आमतौर पर सबका गुज़र नहीं होता है। उनके अनुभव-संसार के बड़े हिस्से में मानवीय व्यवहार के बदलते हुए रूपों को जगह मिली है। अपसंस्कृति, पूँजी के दबाव और उपभोक्तावाद की ज़द में आकर मनुष्य की सहज सामाजिक वृत्तियाँ धीरे-धीरे लुप्त हो रही हैं। वह निश्छलता और पारदर्शी आत्मीयता हमारे व्यवहार से ग़ायब होती जा रही है जो मनुष्य की अंतःशक्ति है। एक नए मिज़ाज का समाज बन रहा है जिसमें नैतिक छद्म एक मूल्य की तरह प्रतिष्ठित है। बशीर बद्र के शे'र इस छद्म से बारहा आगाह करते हैं, 'ये नए मिज़ाज का शहर है, ज़रा फ़ासले से मिला करो' !

एक कोने से यह आवाज़ उठती रही है कि ग़ज़ल के फ़ार्म में मौजूदा यथार्थ की पेचीदियों को व्यक्त करने की गुंजाइश नहीं है। ग़ज़ल का फ़ार्म नाक़ाफ़ी है।

इसके बावजूद ग़ज़ल आज भी कही जा रही है और बड़ी तमकनत के साथ। ग़ज़ल के फ़ार्म की सार्थकता में यक़ीन रखने वाले शाइरों में बशीर बद्र पहली पंक्ति में आते हैं।

बशीर बद्र की ग़ज़लों के साथ शाइरी की एक नई भाषा आकार ले रही है जिसमें फ़ारसी की आमेज़िश कम है और अलाव व चौपाल से लेकर महानगरीय जीवन-व्यवहार के शब्द और मुहावरों की उपस्थिति ज़्यादा है। कहीं-कहीं उन्होंने अंग्रेज़ी के शब्दों को बोलचाल की भाषा में खूब फेंटा है। आगे यह तज्तुबा शायद एक रविश बन जाए।

बशीर बद्र ने ग़ज़ल के माध्यम को एक नई सामर्थ्य दी, उसकी रिवायत को नए आयाम दिए। उनके लहजे से उनकी पहचान होती है–'वो ग़ज़ल का लहजा नया-नया, न कहा हुआ न सुना हुआ'...

–जानकीप्रसाद शर्मा

–'आस' पुस्तक से

धूप की पत्तियाँ और हरा रिबन

एक शाम ऐसा हुआ कि किसी शाइर ने अपनी ग़ज़ल का कोई शे'र कहा, तो ग़ज़ल उसे ढूँढ़ती हुई रात में उसके सपनों तक जा पहुँची और उसके कान में बोली कि मैं अनेक शाइरों के पास से होती हुई तुझ तक पहुँची हूँ और अब तेरी होकर रहना चाहती हूँ, क्या तू मुझे कुबूल करेगा, तो सपने में ही उस शाइर ने 'हाँ' कह दी और सवेरे जब उसकी आँख खुली, तो उसने बड़े जोर से ऐलान कर दिया कि 'मैं ग़ज़ल का शाइर हूँ।' यह शाइर और कोई नहीं, बल्कि डॉक्टर बशीर 'बद्र' साहब हैं, जो अपने विशेष अंदाज़ के लिए सदा याद किए जाते हैं और जो वाक़ई ग़ज़ल के शाइर हैं, न हिंदी के, न उर्दू के। उन्होंने अपनी ग़ज़लों में हिंदी, उर्दू, अंग्रेजी आदि अनेक भाषाओं के शब्दों का खूब खुलकर प्रयोग किया है तथा ग़ज़ल को एक नया रंग-रूप और नई दिशा दी है, जो आने वाले शाइरों के लिए बड़े काम की सिद्ध होगी। उनकी शाइरी आम आदमी की ज़िंदगी के इर्द-गिर्द घूमती है और हर दुःख-दर्द में उसको दिलासा देती है।

डॉक्टर बशीर 'बद्र' एक ऐसे शाइर हैं, जिन्होंने अनेक मज़बूत चट्टानों के बीच से अपनी एक अलग राह निकाली है, जिसका सुबूत उनकी शाइरी में मिलता है। उनकी ग़ज़लों से उठती मिट्टी की सौंधी सुगंध आज आम आदमी की साँसों में रच-बस गई है। यही कारण है कि उनका नाम आज उस मुक़ाम पर पहुँच चुका है, जहाँ बड़े से बड़ा शाइर भी मुश्किल से ही पहुँच पाता है। अब तक उन्होंने लगभग छह-सात सौ ग़ज़लें कही हैं, जो इतनी लाजवाब हैं कि एक बार पढ़ने के बाद उन्हें बार-बार पढ़ने को जी चाहता है और हर बार उनका एक नया ही भावार्थ सामने आता है, जिससे यह सिद्ध होता है कि मौजूदा दौर में वाक़ई कोई ग़ज़ल का शाइर है, तो वह डॉक्टर बशीर 'बद्र' ही है। अगर आपने उनको अभी तक कभी नहीं पढ़ा, तो नमूने के तौर पर उनके कुछ अशआर प्रस्तुत हैं–

उजाले अपनी यादों के हमारे साथ रहने दो,
न जाने किस गली में ज़िंदगी की शाम जो जाए।

कोई हाथ भी न मिलाएगा, जो गले मिलोगे तपाक से,
ये नए मिज़ाज का शहर है, ज़रा फ़ासिले से मिला करो।

कोई फूल धूप की पत्तियों में हरे रिबन से बँधा हुआ,
ये ग़ज़ल का लहज़ा नया-नया, न कहा हुआ, न सुना हुआ।

मकां से क्या मुझे लेना, मकां तुमको मुबारक हो,
मगर ये घास वाला रेशमी क़ालीन मेरा है।

किसने जलाईं बस्तियाँ, बाज़ार क्यों लुटे,
मैं चाँद पे गया था, मुझे कुछ पता नहीं।

सर झुकाओगे, तो पत्थर देवता हो जाएगा,
इतना मत चाहो उसे, वो बेवफ़ा हो जाएगा।

नज़र से गुफ़्तगू, ख़ामोश लब तुम्हारी तरह,
ग़ज़ल ने सीखे हैं अंदाज़ सब तुम्हारी तरह।

हमें विश्वास है कि इन शे'रों को पढ़ने के बाद आप भी डॉक्टर बशीर 'बद्र' की ग़ज़लें पढ़ना चाहेंगे। प्रस्तुत है उनकी ग़ज़लों का यह संकलन, जो केवल आपके लिए है।

–'धूप की पत्तियाँ और हरा रिबन' पुस्तक से

डॉ. बशीर बद्र की ग़ज़लों का यह संकलन भाषा और भाव दोनों की दृष्टि से पारंपरिक उर्दू-ग़ज़ल से हटकर है। भाषा में सरलता का प्रवाह है, और अनेक पंक्तियाँ दिल को छू लेती हैं। ...कथा का साफ-सुथरापन है और कहीं-कहीं अनुभूति का पैनापन पाठक को सहज ही आकर्षित करता है। बशीर बद्र मुशायरों के तरन्नुमी तेवरों के कवि होकर भी रस और प्रभाव की दृष्टि से साहित्यिक दृष्टि में अपना स्थान बनाते रहे हैं। उर्दू कविता के नए दौर के श्रेष्ठ कवियों में उनकी गणना की जाती है। आशा है हिंदी में इस सुरुचि संपन्न कविता संग्रह को पसंद किया जाएगा।

—रामेश्वर शुक्ल 'अंचल'

जबलपुर

उर्दू के ताअल्लुक से हम उर्दू वालों ने चूड़ियाँ पहन रखी हैं, हम ख़िदमत का शोर चाहे जितना मचा लें, लेकिन अमल के मैदान में कोरे के कोरे हैं। इस शहर ने कुछ युवकों के माध्यम से एक ऐसे शाइर के क़लाम को देवनागरी लिपि में प्रकाशित करने का निश्चय किया जो आलमी-शोहरत का मालिक है—यूँ तो बशीर बद्र नई दिशा के मुनफ़रिद शाइर हैं जिन्हें उर्दू दुनिया में जदीद-शाइरी का इमाम कहा जाता है, उनकी शाइरी की खूबियाँ मोहताजे-तआरूफ़ नहीं लेकिन जिस नए अंदाज़ में हमारे शहर से 'उजाले अपनी यादों के' प्रकाशित हो रही है, मेरी राय है कि इसे अहले-अदब में न सिर्फ़ मील का पत्थर बल्कि एक मंज़िल की संज्ञा दी जाएगी।

—फीरोज़ कमाल

जबलपुर

विद्वानों की नज़र में बशीर बद्र

बशीर बद्र की ग़ज़ल पढ़ते हुए मैंने हर लफ़्ज़ का गुनफ़रद ज़ायका महसूस किया है। खुरदुरे से खुरदुरे और ग़ज़ल बाहर अल्फ़ाज भी अश्आर में नर्म, मीठे और सच्चे लगते हैं।

–कुमार पाशी

बशीर बद्र ने जीवन रूपी सागर का मंथन करके एक ऐसी अमृत वाणी प्राप्त की जो हिंदी और उर्दू के बीच में एक सेतु की तरह है। उन्होंने सारा विष खुद पी लिया और लोगों को प्रेम की ऐसी अमर ग़ज़लें दीं जो उनके सुख-दुख की साथी हैं।

–इकबाल मसूद

डॉ. बशीर बद्र का दोस्त होना फ़ख्र की बात है। मुझे ये मसर्रत हासिल है और मैं इसे ज़िन्दगी का बहुत बड़ा तोहफ़ा समझता हूँ कि मैं बशीर बद्र का दोस्त हूँ। बशीर बद्र की ग़ज़ल का 'मैं' 'हम' हैं, वो अपने दुखों पर मुस्कराते हैं लेकिन दूसरों के दुखों पर उनकी ग़ज़ल में शबनम बरसती है। मेरठ में जब उनका घर जलाया गया और घर के साथ-साथ इनकी लाइब्रेरी भी जली तो मैंने लिखा था कि बशीर बद्र की लाइब्रेरी नहीं जली बल्कि हमारे साहित्य और हिंदोस्तान की लाइब्रेरी जली है। जो मुल्क अपने अदब की हिफाजत नहीं कर सकता वो कभी शादाब नहीं हो सकता। हिंदी का तलफ़्फ़ुज़ बिगड़ गया है। मैं एक अख़बार के एडीटर की हैसियत से दरख़ास्त करता हूँ कि वो अपनी सारी ग़ज़लों की किताबें जो उर्दू में छपी हैं हमें हिंदी में छापने के लिए दें क्योंकि बशीर बद्र हिंदी और उर्दू के दरम्यान एक पुल की हैसियत रखते हैं।

–कन्हैया लाल नन्दन

आमद के मुताले में मैंने बशीर बद्र की ग़ज़ल को ज़िंदगी की धूप और एहसास के फूलों की ग़ज़ल कहा है। यही उनकी शाइरी का बुनियादी मिज़ाज है। बशीर बद्र ने ग़ज़ल को जो महविअत, बेक़ार और एतबार को वजाहत बख़्शी है वो बेमिसाल है। आलगी सतह पर बशीर बद्र से पहले किसी की ग़ज़ल को ये महबूबिअत नहीं मिली। मीरो ग़ालिब के शे'र भी मशहूर हैं लेकिन मैं पूरे एतमाद से कह सकता हूँ कि आलमी पैमाने पर बशीर बद्र के ग़ज़लों की अश्आर से ज्यादा किसी के शे'र मशहूर नहीं हैं। इसकी वजह ये है कि इन्होंने आज के इंसान की नफ़सियाती मिज़ाज की तरजुमानी जिस आलमी उर्दू के ग़ज़लिया असलूब में की है वो उससे पहले मुमकिन भी नहीं थी। इस एतराफ़ में बुख़ल से काम नहीं लेना चाहिए कि वो इस वक्त दुनिया में ग़ज़ल के एक महबूब शाइर हैं।

–अबुल फ़ैज़ सहर

बशीर बद्र ने जो मक़बूलिअत का मयार क़ायम किया है वो शे'र के हवाले से बहुत से सवाल उठाता है। मीर ने कहा था :

बातें हमारी याद रहें फिर बातें न ऐसी सुनिए गा,
करते किसी को सुनियेगा तो देर तलक सर धुनिए गा।

बशीर बद्र ग़ज़ल में ऐसी ही बातें करते हैं। हर बड़े शाइर को कड़ी आज़माइशों से गुज़रना होता है। मीर को अपनी अज़मत के इज़हार के लिए अजगर नामा लिखने की जरूरत पड़ी। ग़ालिब ने क्या-क्या मारका आराइयाँ कीं। फैज़ जिन्हें उनकी ज़िंदगी में मकबूलियत और इज़्ज़त मिल गई उन्हें भी आसानी से ये रुतबा नहीं मिला था। खुद तरक़्की पसंद नक़्क़ादों की पुरानी तनक़ीदें उठाकर देखिए तो पंद्रह बीस साल पहले फ़ैज़ का तरक्की पसंद शाइरों में बीसवाँ बाईसवाँ नम्बर था। फिर उनका नाम आठ दस शाइरों में आने लगा और अपनी ज़िंदगी ही में वो सरे फ़हरिस्त हो गए। गुज़िश्ता तीस बरस में बशीर बद्र ने भी ये सख़्तियाँ झेली हैं। 'इकाई' से लेकर 'आमद' तक इनका सफर फूलों का रास्ता नहीं है, बड़ी-बड़ी आज़माइशों से वो गुज़रे हैं। उनकी ग़ज़लों की पहली किताब 'इकाई' ने हमारे अदब में तहलका मचा दिया था। एक अजीब शान और धूम से बशीर बद्र ग़ज़ल की दुनिया में आए लेकिन फिर इन पर भी बड़े सर्दो गर्म मौसम गुज़रे, तब वो यहाँ तक पहुँचे हैं।

–प्रोफ़ेसर गोपी चन्द्र नारंग

मैं बशीर बद्र का मुआतरीफ़ उनकी शाइरी और उनकी नस्र में हूँ। आज से दस वर्ष पहले जब मैंने उनके मज़ामीन पढ़े थे तो मैंने खुद लिखा के वो अपनी नसरी किताब अंजुमन तरक़्की उर्दू से छपवाएँ। हमारे वसाइल ज्यादा नहीं इस वजह से

हमारे यहाँ बहुत सी अहम तख़लीक़ात बरसों छपने का इंतज़ार करती रहती हैं लेकिन मैंने खुद दरख्वास्त करके उनसे उनका तहक़ीक़ी मक़ाला लिया और अंजुमन ने अपने तमामतर तहसीनी कलमात के साथ उसे छापा। इस तरह मैंने और अंजुमन ने अमली सुबूत दिया कि हम लोग इनकी तक़ीदी नस्र के मुताअरिफ़ और मद्दाह हैं। मैं इनकी शाइरी का भी बड़ा मुताअरिफ़ हूँ। हिंदोस्तान की दूसरी ज़ुबानों में ग़ज़ल के लिए जो मोहब्बत और इज़्ज़त पैदा हुई है उसमें बशीर बद्र का नुमायाँ हिस्सा है।

—डॉक्टर ख़लीक़ अंजुम

डॉ. बशीर बद्र की ग़ज़ल हमारे ज़हन और रूह में रच बस गई है। इसका अंदाजा हमें उस वक्त हुआ जब मेरठ के फ़सादात में उनके लिए एक बहुत बुरी अफ़वाह हम तक पहुँची। उस वक़्त मेरी तरह हज़ारों आदमियों की आँखें छलक पड़ी थीं। मुझे उनकी खूबसूरत शाइरी, शे'र पढ़ने का अंदाज़ और तहज़ीबी सआदतमंदी इस दर्जा बेक़रार कर गई कि मैं वो दर्द का तआसुर आज तक नहीं भूल सका हूँ।

—हयात उल्ला अंसारी

बशीर बद्र का शुमार जदीद उर्दू ग़ज़ल के मैमारों में होता है। उन्होंने ग़ज़ल को एक नया लहजा और बेक़ार अता किया है। असरी मसाइल और ज़िन्दगी के पेचीदा तजुर्बों को सादगी और पुरकारी के साथ शे'र का रूप देने में इन्हें कमाल हासिल है।

—प्रोफ़ेसर मुगनी तबस्सुम

आप के यहाँ वह गहराई और निखार साफ़ उभर आया है जिसकी मुझे आप से तवक़्क़ो थी। आप दबे पाँव अपने अंदर उतरते चले गए हैं और अब आप की ग़ज़ल में वो कसक पैदा हो गई है जिसके बग़ैर आला शाइरी का तस्सवुर मुहाल है।

—वज़ीर आग़ा

गुज़िश्ता दस बारह साल से बशीर बद्र की ग़ज़लें 'नया दौर' में शायां होती रही हैं। मुझे याद है कि जब इनकी ग़ज़लें पहली बार नया दौर में इशाअत के लिए आई थीं तो इनके लहजे के चौंका देने वाले नयेपन ने जिस अहसास फ़िक्र दोनों ताज़ा-ताज़ा से थे, मुझे मुताअसिर किया था। शे'र पढ़ते वक़्त हल्की-हल्की फुआर पड़ने के अहसास हुआ था। उस ग़ज़ल में दो चीज़ें थीं। अपने जमाने का अहसास और दूसरे अपने रवायत से गहरी वाबस्तगी—यही खुसुसियत इनकी सारी ग़ज़लों में रंग भरती रही है। शुरू की ग़ज़लों में इनके हाँ तजुर्बा सिमट कर आता है बाद की ग़ज़लों में से तजुर्बा फैलता नज़र आता है।

बशीर बद्र की आवाज़ में एक नयापन है। इनके हाँ नग़मगी है और अहदे

हाज़िर की आवाज़ भी, इनके लहले में दिल को मोह लेने वाली एक ज़ज़बिअत है कि ये मजमुआ जदीद उर्दू ग़ज़ल में क़ाबिले ज़िक्रे अहमिअत का हासिल हो जाता है।

–डॉ. जमील जालबी

बशीर बद्र की ग़ज़ल का एक और पहलू उसकी नाजुक ड्रामाई कैफ़िअत है जो तवील बहर के अलावा दूसरे अश्आर में भी नज़र आती है। उनके अक्सर अश्आर महज़ एक वारदात नहीं–एक कहानी का इन्किसाफ़ करते हैं।

–प्रोफ़ेसर क़मर रईस

अब जदीद ग़ज़ल गो इनकी (बशीर बद्र की) तक़लीद कर रहे हैं।

–वहीद अख़्तर शबख़ूँ

फ़ी ज़माना ज़दीद तर ग़ज़ल गो इन की तक़लीद कर रहे हैं। हिंदो-पाक के ज़दीद तर ग़ज़लिया शाइरी पर उनके जली और खफी असरात वाज़े तर नज़र आते हैं। लोग बाग़ इनमें नई ग़ज़लिया फैज़ों इरफान हासिल कर रहे हैं। आज इन का दिलावेज़ असलूब ग़ज़ल का असलूब बन गया है।

–निज़ाम सिद्दीकी

एक मोहतात और जिम्मेदार सर्वे के मुताबिक बशीर बद्र की सिर्फ़ एक ग़ज़ल सिकी रदीफ 'बाबा' है, उस से मुत्तासिर होकर रिसाले और मुशायरे के अहम शोअरा ने ढाई हजार ग़ज़लें कहीं। 71 शायरों ने अपनी ग़ज़लें शाया कराते वक़्त ऐसी ग़ज़लों को बशीर बद्र के नाम मनूनओ मनसूब किया।

–रज़िया हामिद

बशीर बद्र की कामयाबी और मक़बूलिअत का यही राज़ भी है कि वो आम ज़्ज्बात को अवामी ज़बान में बड़ी सादगी के साथ अदा कर देते हैं। इनके कलाम में किसी तरह का तस्सन्नोह या बनावट नहीं है। इनके अश्आर को पढ़कर अपने गाँव और क़स्बात की सोंधी मिट्टी और भीनी खुशबू का अहसास होता है। खुदा करे कि यह खुशबू यूँ ही बढ़ती और फैलती रहे।

–डॉ. शारिब रूदौलवी

बशीर बद्र की ग़ज़लें आज की ज़ेहनी ज़िंदगी और तहज़ीबी फ़िज़ा की जीती जागती और मुतरहक तस्वीरें पेश करती हैं। ऐसे हल्के फुल्के लफ़्जों में जो शिकोह से दूर लेकिन जो सादगी के हुस्न से बहरा वर है। ग़ज़लें हवा के एक नर्म झोंके की तरह

ज़ेहन को छूती हुई दिल में उतर जाती हैं। और इन ग़ज़लों का आहंग किसी आहिस्ता ख़राम मैदानी नदी की तर्रनुम रेज़ी से मिलता जुलता है जो पुर शोर अंदाज़ में किसी एक ही सिम्त में बहने के बजाए इधर-उधर लहराती बलखाती आगे बढ़ती है।

–मखमूर सईदी

बशीर बद्र का अपना एक खूबसूरत सा लहजा है। वो ज़िंदगी की रंगा-रंगी और तहे दारियों को अपने मख़सूस तजुरबाती अंदाज़ में पेश करते हैं। यही वजह है कि जदीद ग़ज़ल में उनकी आवाज़ आसानी से पहचानी जा सकती है और उनके हम अस्र लिखने वाले इनसे मुत्तासिर भी होते हैं।

–सलाह उद्दीन परवेज़

उर्दू और हिंदी अदब की दुनिया में डॉक्टर बशीर बद्र को आज कौन नहीं जानता। सभी उनकी सहर अंगेज़ शख़्सियत और मशहूर कुन शाइरी से मुत्तासिर ही नहीं बल्कि बड़ी हद तक मुसनहर भी मालूम होते हैं। मैं बशीर बद्र को 'इकाई' से पहले जानता था मगर कद्रे फासले से, फिर धीरे-धीरे ये फासला कम कम होता गया। 'इकाई', 'इमेज' और फिर 'आमद' तक बशीर बद्र ने जो सफ़र तय किया है दरअसल वो नई उर्दू ग़ज़ल का भी सफ़र है। इस दौरान इनकी फ़नकराना कीमत नई बुल्दियों से आशाना हुई तो मक़बूलिअत और शोहरत ने बैनउल अक़वामी हदों को छू लिया।

ज़िंदगी की धूप, अहसासात के फूलों, नई ग़ज़ल के असलूबों, आहंग और उसके हुस्न की चाँदनी का ये शाइर दरअसल मुनफरद रंग के यादों के उजालों का भी शाइर है।

उजाले अपनी यादों के हमारे साथ रहने दो,
न जाने ज़िंदगी की किस गली में शाम जो जाए।

बशीर बद्र के इस खूबसूरत शे'र ने मक़बूलियत और पसंदगी का एक नया आलमी रिकार्ड कायम किया है। दुनिया के गोशे-गोशे तक इस अंदाजे सुखन और लब्बो लहजे की गूँज पहुँची है–

महक रही है ज़मी चाँदनी के फूलों से,
खुदा किसी की मुहब्बत पे मुस्कुराया है।

बशीर बद्र के पास ग़ज़ल की आबरू और फन की बरगुज़ीदगी का जो लिहाज है इसी सिलसिले में उन्होंने सुख़न, शनासी की ज़िम्मेदारियाँ निभाते हुए जिद्दतों को अपनी शाइरी के बाम वो दर पर सजाया है। साथ ही उन्होंने ग़ज़ल की फरसूदा रवायत को ख़ैरबाद करते हुए उसके सीने में धड़कने भर देने की जसारत भी की

है जो बज़ाहिर गैरमानूस सी रविश लगती है मगर फ़न के इतरक़ा के लिए शायद इसी तरह के तजुर्बे भी नागुज़ीर है।

किधर चलती फिरती दुकानें गईं,
नुमाइश लगाई थी मैदान में।

—अबुल फैज़ सहर

बशीर बद्र जब अलीगढ़ आए तो शाइर के हैसियत से इनकी शोहरत शुरू हो चुकी थी। यहाँ के माहौल से इनके फ़न को जिला हासिल हुई। इनका पहला मजमुआ 'इकाई' अदबी हल्कों में काफ़ी ख़ासा मक़बूल हुआ था। इससे इनकी शाइरी की इंफ़रादिअत और हुस्न का अहसास आम हुआ था। अब वह हमारे खुश फ़िक्र और खुश गो शोअरा में अपना मुक़ाम रखते हैं। इन दिनों जो ये सुखा पड़ा है एक इशारा है, बशीर बद्र की ग़ज़ल ने हिंदी वालों को हिंदी बोलने में मदद की है। क्योंकि मेरा आक़ीदा है कि जब से लोगों ने उर्दू पढ़ना छोड़ दिया है।

नई ग़ज़ल में हिंदोस्तान और पाकिस्तान में जो नाम बहरहाल आएँगे उनमें बशीर बद्र का नाम भी होगा। 'इमेज' में नया अहसास, नई तशीबीहों, नए इस्तआरों नई तस्वीरों और नए पैकरों से खेल रहे और ये खेल भी मानो खेज़ है। यहाँ जिस्म की आँच और रूह की प्यास भी है। बदलती हुई ज़िंदगी और जज़्बातों एहसासात के नए मज़ाहिर भी। 'इमेज' इनके कलाम की बुनयादी खुसूसिआत की बड़ी अच्छी नुमाइंदगी करता है।

—प्रोफ़ेसर आले अहमद सुरूर

बशीर कल एक शे'री इजतहाद का नाम था—आज बशीर बद्र बर्रेसग़ीर की एक मोतवर और मुवसर तहज़ीबी अलामत का नाम है। इजतहाद से एतबार तक के इस तख़लीक़ी सफर की दरियाफ़्त के लिए मैंने बशीर बद्र को मुशायरों में कभी नहीं ढूँढ़ा। मैंने हमेशा बशीर बद्र को बशीर बद्र के अंदर ही तलाश किया है। क्योंकि मुशायरों ने बशीर बद्र को जन्म नहीं दिया बल्कि खुद बशीर बद्र ने जदीद तर्ज़ के मुशायरों को जन्म दिया है।

—मुस्सविर सब्ज़वारी

जदीद ग़ज़ल को जो खूबसूरत इज़हार बशीर बद्र ने दिया है वो अब तक किसी शाइर ने नहीं दिया है। ग़ज़ल के इस दौर को बड़ी आसानी से बशीर बद्र का एहद कहा जा सकता है।

—डॉ. चन्दर तिरखा

बशीर की आवाज़ दूर से पहचान ली जाती है ये बहोत बड़ी बात है।

—निदा फ़ाज़ली

डॉ. बशीर बद्र हमारे अहद के उन शोअरा में से हैं जिन्होंने नई ग़ज़लिया लफ़्ज़िआत को अपने असलूब की कलेदी असास बनाया और उनका असलूब इतना चमका कि एक मुस्तक़िल असलूबयाती रूजहान बन गया। आज जदीद ग़ज़ल का लसानियाती मुताला बशीर बद्र की ग़ज़लियाँ लफ़्ज़ियात का ज़िक्र किए बग़ैर पूरा नहीं हो सकता।

—अरशर अब्दुल हमीद

डॉ. बशीर बद्र के अश्आर दिल को छूते हुए महसूस होते हैं।

—डॉ. कमालु उद्दीन
मिथला यूनीवर्सिटी, दरभंगा

डॉ. बशीर बद्र ने एक से एक मज़मून बाँधा है और खूब-खूब अश्आर निकाले हैं।

—शाहिद ज़मील (सहसाराम)

बशीर बद्र ग़ज़ल का एक मोतबर नाम है, नई इमेजरी और लफ़्ज़ों का तख़्लीकी बरताव बशीर बद्र की पहचान है।

—तारिक़ मतीन
आडिटर इम्लो-अदब, देहली

डॉ. साहब के कलाम में एक कमाल की खूबी है—वो हर उम्र में हम उम्र लगते हैं, मैं उन्हें मॉडर्न ग़ज़ल का अलमरबदार समझता हूँ।

—गुलज़ार

मुझे यकीन है...

—विशाल

डॉ. साहब जदीदग़ज़ल के मतबूब शाइर हैं।

—जावेद अख़्तर

इस शख़्सिअत और इस आवाज़ का नाम है डॉक्टर बशीर बद्र। उनकी शाइरी के साथ ही उर्दू अदब में एक नए दौर का आग़ाज होता है। अगर इस दौर को बशीर बद्र युग का नाम दिया जाए तो ग़ैर मुनासिब न होगा।

भारत सरकार और बहुत सी राज्य सरकारों की तरफ़ से उर्दू अकादमियाँ क़ायम

की गईं और हर साल लाखों रुपये देकर इनकी हौसला अफ़ज़ाई भी की गई। इन इदारों ने उर्दू अदब को नुमायाँ ख़िदमत सर अंजाम दी, लेकिन इस मामले में सबसे बड़ा काम किया बशीर बद्र की ग़ज़लों ने जो लोग उर्दू लिखना पढ़ना नहीं जानते वो भी इन ग़ज़लों से लुफ़्त-अंदोज होते हैं। और ऐसा महसूस करते हैं कि ये तो हमारे मन की बात हमारी जुबान में ही कही जा रही है जो सीधी हमारे दिल में उतरती जा रही है।

–बाबूराम शर्मा किशवर

इनकी ग़ज़लों में ज़दीदियत की नुक्ताअसी और बुज़लासंजी है लेकिन इन्होंने फ़न और शाइस्तगी के हुदूद से तजावुज़ नहीं किया है। इनकी शायद ही कोई ग़ज़ल ऐसी हो जिसमें उन्होंने नये मजामीन और नये तर्जे बयान से ग़ज़ल के दामन को वसी न किया हो। इनके बयान की खूबी इनके नादर बर महल तशबीहात और इस्तारे हैं जो लुत्फ़े बयान को दोबाला कर देते हैं और जिस शाइर ने ये शे'र कहा हो–

''दरवाज़े शहरे दर्द के खुलने दो दोस्तो निकलेगा मुस्कुराता हुआ शामे ग़म का चाँद''
उसके लिए फ़ने शे'र में कौन सा कारे नुमायाँ और शाइरी में कौन सी कामरानी ना मुमकिन है।

–सलामत उल्ला ख़ाँ

तहज़ीबों के साथ हक़ीक़तें बदलती रहती हैं रिश्ते बदलते रहते हैं और इस अमल के बाद जो रवैया पैदा होता है वो जदीद होता है। मैं मिसाल के ज़रिए अपनी बात वाज़े करूँगा। आपने अभी इश्क़ो मुहब्बत के बारे में पूछा था। इसकी मिसाल यूँ ली जा सकती है कि इश्क़ो मोहब्बत के सिलसिले में पुराने रवैये में रक़ीब का तस्सवुर था। दरबान का ख़तरा था। महबूब के न मिलने का तस्सवुर था वगैरा। मगर अब समाज में तब्दीली आयी है। अब पाबंदियाँ नहीं हैं, रकीब और दरबान का तस्सवुर ख़त्म हो गया। इस लिहाज़ से आज के दौर के एतबार से नई हक़ीक़तों के पेशे नज़र जो रवैया होग़ा वो जदीद है। मसलन बशीर बद्र का शे'र–

अब मिले हम तो कई लोग बिछड़ जाएँगे,
इन्तज़ार और करो अगले जन्म तक मेरा।

–स्वर्गीय खलील उर रहमान आज़मी

आज की शाइरी सुनने से ज़्यादा पढ़ने और पढ़ने से ज़्यादा ग़ौरी फिक्र् का तक़ाज़ा करती है लिहाज़ा इस तकाज़े का इतलाक़ होते ही क़ारी की निगाह में तीन पैकर

उभरते हैं। (1) मासूम हँसी (2) कापी पर बच्चों की इबारत (3) हिरन की पीठ पर बैठा परिंदा। दूसरा पैकर ज़्यादा अहम है। बच्चे कापी पर बेमक़सद इबारतें काढ़ते हैं। क़लम या पेंसिल से कुछ आड़ा तिरछा बना दिया। इस हरकत में बेमक़सदिअत और मासूमियत का इम्तज़ाज होता है। ऐसी ही बेमक़सदिअत और मासूमियत उस मज़कूरा हँसी में है मगर उसका रद्दे अमल ? शाइर कहना चाहता है कि वो मासूम सी हँसी जो सिर्फ़ हँसी थी बेमक़सद सी जिसमें 'यलो सिगनल' जैसा कोई पैग़ाम नहीं था। वे इरादा सी जैसे कापी पर बच्चों की ला मानी इबारत जैसी की हिरन के पीठ पर बैठे परिन्दे की शरारत। मगर बशीर बद्र ने शरारत के बाद हिरन के रद्दे अमल को मुख़फ़ी रखकर क़ारी को एक पैग़ाम दिया है कि वो उस शे'र की तकमील अब अपनी तख़लीक़ी शिकरत से करें। पीठ पर बैठे परिन्दे का चोंच मारना लाज़मी है। परिन्दे की चोंच लगने के बाद हिरन कुलाचें भरने लगता है और जंगल की तहज़ीब ख़ूब जानती है कि हिरन की कुलाचों और ख़ुशी का रिश्ता कितना अटूट है। कुलाचें इस शे'र में भी बेपनाह खुशी की मुख़फ़ी अलामत है। किसी मासूम, ला मानी, बे इरादा, बे मक़सद हँसी ने शाइर को वैसा ही मसरूर कर दिया है जैसे कि जंगल की वसअतों में कुलाचें भरता हिरन। यहाँ एक नामालूम जज़ीरे की दरयाफ़्त मुकम्मल होती है। शे'र कह कर शाइर को इतमीनान बख़्श मसर्रत मिलती है और शे'र तक पहुँचकर क़ारी को हैरत आमेज़ खुशी।

–अश्हर हाशमी

नई ग़ज़ल पर किसी भी उनवान से गुफ़्तुगू की जाये तो बशीर बद्र का जिक्र ज़रूर आयेगा। वो एक सच्चे और ज़िंदा शाइर हैं।

–शहरयार
फिल्मी गीतकार

बशीर बद्र की बहुत बड़ी खुसूसियत ये है कि उन्होंने तक़रीबन हर शे'र में नये-नये अंदाज़ में कुछ नई बात कहने की चाहे उस शे'र का तआलुक़ जदीद हिस से हो या इंसान के लाफ़ानी तर्जुबात से।

–करामात अली करामात

सच्चे और अच्छे अश्आर इंसानी ज़ेहन के कंप्यूटर में सेफ हो जाया करते हैं और इसमें कोई शक नहीं कि डॉ. बशीर बद्र के कुछ अश्आर अवाम के दिलो-दिमाग़ पर हमेशा छाये रहते हैं। एक शे'र के जरिए मैं अपना दावा वाज़े करना चाहता हूँ कि–

कुछ तो मजबूरियाँ रही होंगी,
यूँ ही कोई बेवफा नहीं होता।

लेकिन डॉ. साहब ने कुछ ऐसे भी अश्आर कहे हैं जिनका मतलब आम इंसानों की सोच से परे रहते हैं। जैसे–

भरी दोपहर का खिला फूल हूँ,
पसीने में लड़की नहाई हुई।

–मीज़ान ज़ैदी

बशीर बद्र हमारे उन मैदूद चंद शायरों में से हैं जिन्होंने उर्दू ग़ज़ल को जदीद हुस्न से रूशनास कराने और उसे नया रंग देने में कामयाब कोशिश की है।

–राज नारायन राज़

ग़ालिब के बाद बशीर बद्र के अश्आर में जो ताज़गी, शगुफ़्तगी, नुदरत और बलाग़त है वो शायद उर्दू अदब के पूरे, एहदेमाज़ी में कहीं नहीं।

–जगतार
पंजाबी शायर

आसान, शगुफ़्ता और शाइस्ता लफ़्ज़ों और तआस्सुरात को ग़ज़ल बना देना बशीर बद्र का हुनर है। उन्होंने उर्दू शाइरी में एक ऐसे डिक्शन को जन्म दिया है जो उनका अपना है उनके छोटे-छोटे लफ़्ज़ों के पीछे एक दुनिया आबाद है जिसकी दिलकशी देखने से तआल्लुक़ रखती है।

–प्रोफ़ेसर सारिब रूदौलवी

बशीर बद्र न सिर्फ़ हमारे अस्र का एक मक़बूल और अच्छा शाइर है बल्कि उसकी ग़ज़लों में जो एक हुज़्न, मलाल और नयाफ़्तगी का ग़म दर आया है और उसने इन्फ़रादी और मज़मूई सतह पर जो फ़आल असर मुरतब्ब किया है वो सिर्फ़ उसी से मख़्सूस है। बशीर बद्र सिर्फ़ लफ़्ज़ का ही शाइर नहीं दिल का भी शाइर है।

–कृष्ण कुमार तूर

बशीर बद्र की ग़ज़लें कैफ़ियत और कम्मियत के एतबार से दामने-दिल खेंचती हैं। इसमें शक नहीं कि बशीर 'बद्र' ग़ज़ल के रम्ज़शनास हैं।

–डॉ. अली अहमद फ़ातमी

बशीर बद्र सौ फीसदी ग़ज़ल के शाइर हैं। इनकी ग़ज़लों में गीतों की बज़्म मौसीक़ी का ऐसा रचाव मिलता है जो बे-साख़्ता उन्हें हमारी नज़रों में अज़ीज़ो मोहतरम कर देता है।

बशीर बद्र इस गिरोह के बेहतरीन ग़ज़ल कहने वालों में शुमार किये जा सकते हैं।

—वारिस किरमानी

भाई इंद्रजीत तलवार ने 15 अप्रैल, 1990 के 'इंडिया टुडे' वाले अंक में डॉ. बशीर बद्र की कभी नहीं भूलने वाली पंक्ति को पूर्व राष्ट्रपति ज्ञानी जैल सिंह की स्मृतियों से भरी प्रस्तुति का शीर्षक बनाया है। यादों के उजाले में रचे बसे किसी भी शख़्स की भीतरी संसार की परतें जब हमारे सामने खुलती हैं तब निःसंदेह ये स्थितियाँ बड़ी सुखद होती हैं। और ऐसे अनमोल क्षणों को जुबान देने के लिए किसी शाइर के खूबसूरत सोच का सहारा लेना लाज़िमी हो जाता है। अंगारों पर चलकर पाँव जलाने का अभ्यास करने वाला शायद कभी नहीं जानता कि उसकी साधना दूसरों के जीवन का ताप मिटाने के लिये कैसी-कैसी आकृतियाँ धारण किया करती हैं।

स्वयं डॉ. बशीर बद्र को भी यह मालूम नहीं कि उनकी ये पंक्तियाँ किसी सूरमा बेचने वाले इश्तहारी नमूना राह चलने वालों के दिलोदिमाग पर ही नहीं छा गई, बल्कि स्वर्गीया श्रीमती गाँधी की अंतरंग संवेदना को भी इन पंक्तियों ने बड़ी गहराई से छूआ था। और उन्होंने इबारत की शक्ल में इन्हें बहुत करीब स्थान दिया था। ...बहरहाल अपना घर जलाकर दूसरों की ज़िंदगी में उजाले का सुकून देने वाले शाइर बशीर बद्र के शे'र का सही पाठ वह नहीं जो आपने दिया है सही पाठ है—

उजाले अपनी यादों के हमारे साथ रहने दो
न जाने किस गली में ज़िंदगी की शाम हो जाए।

—ऋता शुक्ला

इब्तदा 'अफ़ेक्शन' की...!

किसी भी मुश्किल काम को ब-खूबी अंजाम देने के लिए ख़ासे तजुर्बे की ज़रूरत पेश आती है, और अगर किसी शाइर की ग़ज़लों का इन्तिख़ाब करना हो ! तो बस...

यकीनन ! डॉ. साहब के अदबी समंदर में से सच्चे मोती चुन कर सलीके से सजाना मुझ जैसे कमशऊर[1] ख़ादिमे अदब[2] के लिए मुश्किल ही नहीं नामुमकिन काम था, अगर इसमें खुद डॉ. साहब की रहबरी शामिल न होती।

'बशीर बद्र और उनकी शायरी', समझ नहीं आता इस मौजू[3] पर और क्या लिखूँ ? चाँद और उसकी चाँदनी को जितनी उपमाएँ मिलनी थीं मिल चुकीं, उस पर जो कुछ लिखा जाना था उससे कुछ ज़ियादा ही लिखा जा चुका है।

'बशीर बद्र और उनकी शायरी' को लेकर भी मेरा नज़रिआ कुछ ऐसा ही है, कि–'जिस शाइर और उसकी शाइरी पर हिंदुस्तान और हिंदुस्तान के बाहर अनगिनत किताबें लिखी जा चुकी हों, जिसके शे'र आम आदमी से लेकर अदाकारों और सियासतदानों[4] तक के दिलों पर राज कर रहे हों, मौजूदा शाइरी के कहकशाँ में जिसका सितारा पूरे उरूज पर हो, उस शाइर या उसकी शाइरी पर महज़ दो-तीन पन्ने लिख कर मैं कुछ नया कारनामा अंजाम नहीं दे सकूँगा।'

हाँ ! डॉ. साहब की शाइरी में एक बात जो मुझे ज़ियादा मुतअसिर[5] करती है, वो ये कि जहाँ एक ओर उनके कहे मिसरों में जदीद तराकीब[6] होती हैं वहीं दूसरी जानिब 'रिबन' 'पुलोवर' 'स्कूल' 'मेज़' 'सायकल' 'सायरन' और ऐसे ही न जाने कितने अंग्रेज़ी लफ़्ज़ उनके कहे मिसरों और शे'रों की ज़ुबान बन जाते हैं। उर्दू ग़ज़ल में अंग्रेज़ी लफ़्ज़ों का ब-खूबी इस्तेमाल मीरो-ग़ालिब से लेकर मुझ जैसे 'आज-कल के शाइर' के बीच पहली बार सिर्फ़ 'डॉ. बशीर बद्र' की शाइरी में देखने

1. अल्पबुद्धि, 2. साहित्य-सेवक, 3. विषय, 4. राजनीतिज्ञों, 5. प्रभावित, 6. नवीन पद्धतियाँ।

को मिला है।

'कभी यूँ भी आ मिरी आँख में कि मेरी नज़र को ख़बर न हो।'
'हम ज़िन्दगी थे हमको किसी ने जीया नहीं'

जैसे मिसरे जहाँ उर्दू अदब में बहतरीन शैली से कहे मिसरों की पहचान बन गए हैं, वहीं—

'ये ज़ाफ़रानी 'पुलोवर' उसी का हिस्सा है,
कोई जो दूसरा पहने तो दूसरा ही लगे।'

'कोई फूल धूप की पत्तियों में हरे 'रिबन' से बँधा हुआ,
वो ग़ज़ल का लहजा नया नया न कहा हुआ न सुना हुआ।'

जैसे खूबसूरत शे'रों में बड़ी ताज़गी के साथ अंग्रेज़ी लफ़्ज़ आए हैं, और 'डॉ. बशीर बद्र' की अपनी एक अलग स्टाइल बना गए हैं।

डॉ. साहब अपनी शाइरी में मोहब्बत का एक अनोखा आस्मान बनाते हैं ! कमाल तो ये है कि वो आस्मान ज़मीन से जुड़ा होता है।

'अफ़ेक्शन' सही मायनों में डॉ. साहब की कुछ अलग स्टाइलों का मजमुआ ही नहीं, बल्कि मेरा नज़राना-ए-अक़ीदत[1] भी है।

उम्मीद है आप भी इसे अपनी उन दुआओं से नवाज़ेंगे जो इस नए मुसाफिर को अपनी मज़िल तक पहुँचने में रहनुमाई[2] करेंगी।

साथ ही गुलज़ार साहब का भी मशकूर[3] हूँ जिनकी मोहब्बत का मैं अब कुछ ज़ियादा ही फ़ायदा उठाने लगा हूँ।

—आलोक

1. श्रद्धामयी भेंट, 2. मार्गदर्शन, 3. आभारी।

आधुनिक ग़ज़ल की आबरू : बशीर बद्र

बशीर बद्र किसी खेमे का नाम नहीं ! बशीर बद्र किसी वैचारिक-प्रतिबद्धता का नाम नहीं ! बशीर बद्र ग़ालिब-मीर या मोमिन का लकीरी वारिस नहीं—लेकिन इन सब बातों के बावजूद उसके प्रशंसक, उन्माद की हद तक (Fanatic) उसके ही हैं। यहाँ तक कि प्रगतिवादी शायरों व समीक्षकों ने भी अपने ताबड़तोड़ हमलों से बशीर बद्र को अनछुआ रखा, और रूमानी एवं परंपरावादी शायरों ने एक नए सूरज की रोशनी के रूप में बशीर बद्र का स्वागत किया है। परंपरा एवं नया सूरज, प्रगतिवाद एवं संवेदनात्मकता, इस तरह के कितने ही संगम हैं, जो इस बेहद प्यारे शाइर में मिलते हैं।

बशीर बद्र की सबसे बड़ी विशेषता उसकी विविधता है—

'दिल वो दर्वेश है, जो आँख उठाता ही नहीं,
उसके दरवाज़े पे सौ, अहले करम करम आते हैं'—

'धूप नई बैल-बौटम पहने
सड़कों को कश्ती पर तैरे'

'सर से चादर बदन से क़बा ले गई
जिन्दगी हम फ़कीरों से क्या ले गई'

'मुझसे क्या बात लिखानी है कि अब मेरे लिए
कभी सोने कभी चाँदी के क़लम आते हैं'

इस तरह के अनेक युगबोधात्मक व सामयिक विषयों को इस शाइर ने बेहद शाइस्तगी, नफ़ासत एवं सलीके के साथ उजागर किया है। लेकिन बशीर की ग़ज़लें,

वर्तमान पर की गई एक 'कमेंट्री' मात्र भी नहीं हैं। उसकी सबसे बड़ी देन शायद यही है कि उसने जहाँ महानगरीय सभ्यता की विद्रूपता पर गहरी मार की है, वहाँ उसने कस्बई संस्कृति की संवेदना को मुखर रूप देने में भी उतनी ही सफलता प्राप्त की है। उसकी कलम एक तरफ़ सावधान करती है कि–

कोई हाथ भी न मिलाएगा
जो गले मिलोगे तपाक से
यह नए मिज़ाज का शहर है
जरा फ़ासले से मिला करो

वहाँ दूसरी तरह इस बात पर संतोष भी व्यक्त करती है कि–

'कदीम कस्बों में कैसा सकून होता है
थके थकाए हमारे बुजुर्ग सोते हैं।'

इसी तरह से बशीर ने अतीत, वर्तमान और भविष्य तीनों की रूह को पहचानने की सफल कोशिश की है। बल्कि यूँ कहा जाए तो और भी सही रहेगा कि वर्तमान की असंगतियाँ, इंसानी रिश्तों का तनाव, आदमी का अकेलापन, भीड़ में खो गई पहचान की तलाश, बेहद संवेदनशील लम्हों को सँजोकर रखने की सामर्थ्य, सही अनुभूति के लिए सही शब्द, सही प्रतीक तलाश कर पाने की सक्षमता और उन सब प्रतीकों को 'इकेबाना' शैली में एक करीने के साथ सजा कर पाठक के हाथ में प्यारी सी ग़ज़ल थमा देने वाला यह शायर, शायद अपने वक़्त का सर्वाधिक लोकप्रिय शाइर है।

शैली की ताजगी, नए मुहावरे का प्रयोग व पुराने मुहावरों की नई अर्थवत्ता देना बशीर की एक और विशिष्टता है।

'दिन में परियों की कोई कहानी न सुन
रास्ते में मुसाफ़िर भटक जाएँगे।'

'जैसे गिरजाघरों में घिरे नौजवाँ
राहिबों के दिलों में दबी ख्वाहिशें
जैसे बेरूत की साहली रेत पर
धूप खाती हुई लड़कियों के बदन'

'ये परिन्दे भी खेतों के मजदूर हैं
अपने घर लौट कर शाम तक आएँगे'

'शाम तक कितने हाथों से गुज़रूँगा मैं
चायखाने में उर्दू के अख़बार सा'

'सब्ज पत्ते धूप की यह आग जब पी जाएँगे
उजले फर के कोट पहने हल्के जाड़े आएँगे'

बशीर की एक और विशिष्टता यह रही है कि उसने ग़ज़ल को सामंती महिफ़लों से उठाकर केवल काफ़ी-हाउसों तक ही नहीं पहुँचाया बल्कि सामान्य अदबी इंसानों के ज़हनों में भी बैठाया है। ग़ज़ल को एक नई स्फूर्ति मिली है और नवगीत की ही तरह नई-ग़ज़ल भी एक ऐसी नयी विधा बन कर सामने आई है, जिसमें ग़ज़ल की आत्मा भी बदस्तूर कायम है—और एक ताज़गी भी पूरी तरह नए लहज़े के साथ गलबहियाँ डाले सड़कों की कश्ती पर घूमती दिखाई देती है। तभी तो कृष्ण अदीब की यह आशंका सही दिखाई देती है कि, 'क्या यह दौर बशीर बद्र से बेहतर ग़ज़लगो पैदा कर सकेगा ?' और प्रेम कुमार नज़र की यह सहज उक्ति बशीर बद्र के शैली-गत सौंदर्य के प्रति सम्मान की सही अभिव्यक्ति है, "बशीर बद्र आधुनिक ग़ज़ल की आबरू हैं।"

आइए अब बशीर बद्र के एक और ख़ूबसूरत पहलू पर नज़र डालें, और वह पहलू है बशीर बद्र का जादुई आग़ाज। अक्सर ग़ज़लों में मतला कमज़ोर पड़ जाता है—लेकिन बद्र की लगभग सभी ग़ज़लों का मतला, अनुभूति की तीव्रता लिए हुए होता है। हर मतला एक पूरी दास्तान को व्यक्त करता है, न कि महज़ मतले की औपचारिकता पूरी करता है। कुछेक विशिष्ट मतले हाज़िर हैं—

होठों पे मुहब्बत के फ़साने नहीं आते
साहिल पे समुन्दर के ख़जाने नहीं आते
सँवार नोक पलक अबरूओं में ख़म कर दे
गिरे पड़े हुए लफ़्ज़ों को मोहतरम कर दे
उदास आँखों में आँसू नहीं पिघलते हैं
ये मोतियों की तरह सीपियों में पलते हैं
मुझ से बिछुड़ के खुश रहते हो
मेरी तरह तुम भी झूठे हो

विषयों की विविधता, सही शब्दों का फूलों की तरह नज़ाकत व लताफ़त भरा चयन हर शे'र में एक पूरा अफ़साना कह डालने की तीव्र ईमानदारी और संवेदना के धरातल पर इंसान के हर लम्हे के साथ जुड़ पाने की क्षमता—यह सब देखकर डॉ. मुहम्मद हसन की यह बात सही लगती है, "ग़ज़लगो की हैसियत से बशीर बद्र की काबलियतों पर ईमान न लाना कुफ्र है।" पाक-समीक्षक जनाब जमील जालवी ने बशीर की शाइरी पर एब ख़ूबसूरत टिप्पणी दी है, "शे'र पढ़ते वक़्त हल्की-हल्की फुआर पड़ने का एहसास हुआ। बशीर बद्र की आवाज़ में एक नयापन है। उनके

यहाँ नग्मगी भी है और वर्तमान युग की आवाज़ भी। उनके लहज़े में दिल मोह लेने वाली कशिश है।"

परंपरा की शृंखला में यदि बशीर बद्र का नाम किसी विशिष्ट खाते में डालना जरूरी हो तो उन्हें अन्य शायरी-स्कूलों की अपेक्षा 'मीर स्कूल' के अधिक करीब देखा जा सकता है। हालाँकि बशीर को 'टाइप्ड' शायरों की श्रेणी में रखना ज्यादती ही होगी। लोकप्रियता की चरम सीमा तक पहुँचने की बात उनको कहीं-कहीं मजाज़ से भी आगे बढ़ा देती है, हालाँकि ऐसे रंगीन हादिसों के मुकाबिले नहीं किए जा सकते।

लेकिन एक बात फ़िलहाल दावे के साथ कही जा सकती है कि जदीद ग़ज़ल को जो ख़ूबसूरत पहरावा बशीर बद्र ने दिया है, वह शायद ही अब तक किसी दूसरे शाइर ने दिया हो। यदि अतिशयोक्ति न समझा जाए तो ग़ज़ल के इस युग को बड़ी आसानी व दलील के साथ 'बशीर बद्र-युग' कहा जा सकता है।

—डॉ. चन्द्र त्रिखा

मुलजिम का बयान

1985 से बहुत पहले रिसाला 'शाइर' के एक शुमारे के लिए हुसैन माजिद को इंटरव्यू देते हुए मैंने कहा था–

'मेरा दर्द न जाने कोय' से लेकर
'उजाले अपनी यादों के हमारे साथ रहने दो'

तक जो दिलों पर नक़्श है उसे अल्लाह ने लिखाया है। सच्ची शाइरी पढ़ते हुए कुछ याद आने लगता है और झूठी शाइरी पढ़कर कुछ याद नहीं आता। और बहुत याद आया तो कोई दूसरा शाइर या दूसरा शे'र।

मुशायरे पानी की क़ब्रें हैं। एक मख़लूक़ मुशायरे में पैदा होती है और मुशायरे ही में मर जाती है। रिसाले मिट्टी की क़ब्रें हैं एक मख़लूक़ रिसाले ही में पैदा होती है और रिसाले ही में दफ़न हो जाती है।

22 फ़रवरी 2000 को साहित्य अकादमी दिल्ली के एवार्ड फ़ंक्शन में मैंने कहा था कि ग़ज़ल में खुद को तलाश करना एक साधना है जिसे 'एक्सरसाइज़' और (प्रिपेरेशन) कहना चाहिए। हमारे इस अमल में ग़ज़ल के कई करोड़ सुनने और पढ़ने वाले अमली तौर पर शरीक होते हैं। ग़ज़ल का सच्चा शे'र लम्हा-लम्हा ग्रो (grow) होता रहता है। और तीस-चालीस साल में वो ग़ज़ल की दुनिया में एक शख़्सियत की तरह धीरे-धीरे नुमायाँ होता रहता है और फिर जाविदानी सरहदों में दाख़िल हो जाता है। मीर की 1818 ग़ज़लें हैं। जिनमें 17878 शे'र मैंने गिने भी हैं। मीर का कलाम एक ग़ज़ल के शाइर की साधना का अच्छा नमूना है। इस साधना या इबादत को भी हम एक्सरसाइज़ (exercise) और प्रिपेरेशन (preparation) ही कहेंगे। क्रिएशन (creation) या तख़लीक़ का मोजिज़ा सिर्फ़ वही अश्आर हैं जो ज़्यादा मीर के यहाँ बहत्तर हो जाते हैं। ग़ालिब ने उर्दू ग़ज़ल में शे'र कम कहे और फिर काट भी दिए हैं, एक आम सा नुसख़ा जो मेरे सामने है उसमें तो 1415 ही शे'र हैं,

सौ पचास इधर-उधर और मिल जाएँगे। ग़ालिब बहुत बड़े ग़ज़ल के शाइर सही लेकिन उनके यहाँ भी बहत्तर की हद नहीं टूट सकेगी। ग़ज़ल एक जादू है, हिंदोस्तान और पाकिस्तान में हज़ारों ग़ज़ल के शाइर हैं, लेकिन दोनों मुलकों में कुल 4 या 5 ऐसे शाइर हैं जिनके 4 या 5 शे'र सारी दुनिया में जाने-पहचाने जाते हैं।

उर्दू ग़ज़ल के तीन सौ साला सफ़र का बार-बार मुताला करने के बाद मुझे ये अहसास होता है कि जब किसी शाइर के यहाँ ग़ज़ल का सच्चा शे'र वजूद में आता है तो वे शाइर की गोद में और वक़्त के पालने में साँस-साँस ग्रो (grow) करता है और दुनिया के करोड़ों इंसान उसे वहाँ तक ले जाते हैं जहाँ अमरता की सरहदें उसे अपनी हिफ़ाज़त में ले लेती हैं। उर्दू और हिंदी ज़बान बोलने वाले इसे ज़िंदगी की वादियों में ले आते हैं वरना हमारी ग़ज़ल की तनक़ीद (criticism) तो ग़ज़ल के सच्चे शे'रों की तलाश के अलावा बाक़ी सब काम करती रही है। अगर हम हालिया सौसाला ग़ज़ल का मुताला करें तो ये महसूस होता है कि

(1) ग़ज़ल की तनक़ीद फ़िराक़ ने लिखी–

(2) तनक़ीद ने फ़िराक़ पर लिखा–

(3) शे'र जिगर साहब ने कहे।

हाँ जिगर साहब के शे'रों पर क़सबाती महफ़िलों की जो चादर पड़ी हुई है उसने उन्हें आज कल के आम लोगों को उनके अच्छे शे'रों से बहुत क़रीब नहीं होने दिया है। ग़ज़ल जैसी बड़ी और हमागीर सिनफ़े सुख़न के लिए कुछ अच्छे और सच्चे नक़्क़ादों की कमी बुरी तरह खटकती है। हमारी दर्सगाहों में भी तख़्लीक़ी काम का जायज़ा और दरसो-तदरीस का फ़रीजा ग़ैर-तख़्लीक़ी हो गया है। मीर की ग़ज़ल का सरमाया 18000 छोटे-बड़े दरख़्तों का जंगल है जिसके पात-पात डाल-डाल को परखना एक इंसान की दस्तरस में आसानी से नहीं आ सकता। इसीलिए अब कम पढ़े-लिखे लोगों का सबसे आसान शाइर ग़ालिब है। ग़ालिब अपने 1500 शे'रों से हम पर हुकूमत कर रहे हैं।

आज 20 फ़रवरी 2000 साल में कैमरे की आँख से जाहिर और बातिन देखने की कोशिश हो रही है। साइंस का पोएटिक एक्सप्रेशन (poetic expression) [शाइराना इज़्हार] सिर्फ़ ग़ज़ल है। ग़ज़ल के अलावा अकसर शे'री इज़्हार चाहे वो दो शे'रों में हो या दो हज़ार सफ़्हों में, उनका मरकज़ी ख़्याल बुनियादी तौर पर एक तज्रुबा होता है। जबकि ग़ज़ल के सात शे'र कम से कम सात मुख़्तलिफ़ किरदारों के दाख़ली कैफ़ियत और अहसासात के अलग-अलग लमहों की अलग-अलग दास्तान हैं। और किसी भी लांग (long) पोइम या नॉविल का नुक़्तए ऊरूज (climax) ग़ज़ल का एक शे'र हो सकता है इसीलिए हर क़दम पर हमें ग़ज़ल के ऐसे शे'र मिल जाते हैं जो हमें ग़ज़ल के तरीक़ाए कार के बारे में इशारा करते हैं।

मैं हर लम्हे में सदियाँ देखता हूँ,
तुम्हारे साथ इक लम्हा बहुत है।

आज मुख़तलिफ़ ज़बानों की शाइरी और नग़मों के जो मशहूर वीडियो कैसेट्स हैं उनमें मिसरों या शे'रों की जो 'picturisation' कैमरा क्रिएटिव-स्टाइल (creative style) से करता है वो ग़ज़ल के तरीक़ए कार से इसलिए मिलता-जुलता है कि हमारे ज़हन से बढ़कर माज़ी, हाल और मुस्तक़बिल ज़मीन-आसमान हयात और काएनात सबको एक लम्हे में जिस तरह हमारा ज़हन बगैर सोये हुए महसूस करता है उस तक पहुँचना ही कैमरे का क्रिएटिव (creative expression) इज़हार है। जदीद क्रिएटिव आर्ट भी ग़ज़ल के क़दीम आर्ट से अब भी बहुत पीछे है लेकिन उस तरफ़ लपक रहा है और यह बता रहा है कि साइंस भी एक दिन इंसानी जमालियात हो सकती है। ग़ज़ल के एक-एक मिसरे में बहुत से बिखरे हुए इमेजेस एक तख़लीक़ी इमेज (science may be aesthetic expression or poetic expression) बन जाते हैं और ये अपने सुने और पढ़ने वालों के ज़हन के वसीलों से लम्हा-लम्हा नमू पाते रहते हैं और फिर एक इनफिरादी शख़सियत बन जाते हैं।

ग़ज़ल के सच्चे शे'र बच्चों की वो मासूमियत है जिनमें हज़ारों साल की बुज़ुर्गी मुस्कुराती है और फिर साठ साला तजरुबाकार ज़हन व दिल में फूल जैसे बच्चे कुछ पाने की ज़िद में मचलने लगते हैं। शायद ही कोई लम्हा होगा जब सियासी ज़िम्मेदारियों और अजमतों की शख़सियत इंदिरा गाँधी ने अपनी एक राज़दार सहेली ऋता शुक्ला टैगोर शिखर पथ, राँची-4 को अपने दिल का कोई अहसास इस शे'र के वसीले से वाबस्ता किया था।

"उजाले अपनी यादों के हमारे साथ रहने दो,
न जाने किस गली में ज़िंदगी की शाम हो जाए।"

यही वो शे'र है जो मशहूर फिल्म एक्ट्रेस मीना कुमारी ने (अंग्रेज़ी रिसाला) स्टार एंड स्टाइल (english magazine star & style) में अपने हाथ से उर्दू में लिखकर छपवाया था और हिंदुस्तान के सद्र ज्ञानी ज़ैल सिंह ने अपनी आख़री तकरीर को इसी पर समाप्त किया था। शाइरी यहाँ ये सवाल पूछती है कि ग़ज़ल में ये बूढ़े लोग बारह-तेरह साल के क्यों हो जाते हैं जबकि आज की ग़ज़ल अपने बच्चों का तआरूफ़ इस तरह कराती है–

"मुख़्तसर बातें करो बेजा वज़ाहत मत करो,
ये नई दुनिया है बच्चों में ज़िहानत है बहुत।"

ग़ज़ल की रेज़ा ख़्याली मिल्टन और फ़िरदौसी की मुसलसल बयानी और कैमरे की बेजान आँख कैसे हज़ारों साल की धड़कनों में बदल जाती है।

ग़ज़ल का एक मिसरा साठ-सत्तर साल में कैसे बदलता है अयोध्या की ख़ाक से उठकर इस्लाम की शरीयत में पल कर (misticism) तसव्वुफ की चादर ओढ़कर किस तरह ग्रो (grow) करता है। आने वाले बीस-पच्चीस साल को ज़हन में रखकर एक चैनल के ज़रिए किस तरह पैरहन बदलता है।

उसकी मिसाल ग़ज़ल के एक कमज़ोर शे'र की ये तबदीलियाँ हैं। मेरी माँ अलीया बेगम जो अपनी आवाज़ से परदा करती थीं—यह परदा उनका इस्लाम था लेकिन 15 हज़ार साल का Ajodhia भी उनके खून की आहट बना रहा था—और 300 साल का इस्लामी Sufiism भी उनके दिल में सोता जागता रहा इसीलिए वह 40-50 साल में हिंदोस्तानी धोती (साड़ी) पहनने वाली ऐसी बेपरदा सूफी हुईं जो क़व्वाली और मुशायरों में जाकर Participants की हिम्मत अफ़ज़ाई करती थीं और बड़े-बड़े सूफी उनके आगे हाथ बाँधकर सर-झुकाकर बैठते थे।

मेरा यह शे'र उनकी तबदीलियों की याद कर रहा है—

जब भी कसने लगा उतार दिया,
इस बदन पर कई लिबास रहे।

लेकिन अब इस शे'र ने सफ़र शुरू किया और वो सूफी खातून के बजाय उस लड़की से miss city miss province miss country और miss world का बदन बनती जरदों, उसकी ये इबादत पुराने कपड़े उतारती जा रही है। कैमरे की ग़ज़ल के पुराने मिसरे ghazal of camera का पैरहन लेकर एक नई इकाई यू बनाती है। जब भी ढीला हुवा उतार दिया।

इस बदन पर कई लिबास रहे।

इसलिए 'आस' के नाम से कभी बशीर बद्र की इकाई बनती है, कभी 'इमेज' (create) तखलीक़ होती है और कभी उनकी आमद आसमान को छूने लगती है तो क्या इससे हम ये सोचें कि ग़ज़ल में बताया है कि पुराना शे'र नया और नया शे'र पुराना दोनों एक ही हैं और एक दिन sahitya academy के बेजान मुजावरों को भी ये ख़बर हो गई है कि ग़ज़ल का शे'र कम से कम पचास साल में जवान होता है। आख़िर में मैं ये ज़रूर इशारा करूँगा कि एक ज़बान दो तीन शाइर पैदा कर सकती है और उस वक़्त तक कोई दूसरा काबिले जिक्र शाइर पैदा नहीं हो सकता जब तक वो ज़बान अपनी दूसरी शख़सियत (personality) में न जाहिर हो। हम देखते हैं कि अंग्रेज़ी जैसी ज़बान में रोमेंटिक पीरियड के बाद आलमगीर सतह की दस लाइनें भी नहीं लिखी जा सकीं और दो-तीन सदियों से इंग्लिश पोएट्री ऑपरेशन टेबल पर पड़ी हुई है। यही हाल फ़ारसी ज़बान का भी था कि वो हाफ़िज़, सादी, बेदिल, उर्फ़ी और नज़ीरी के बाद आज तक नींद से नहीं जागी और मीर और ग़ालिब जो इन फ़ारसी के शाइरों की हमसरी के आरजूमंद रहे वह बाज़ारी उर्दू ज़बान के

तकदुस, तहारत और मोहब्बत के वसीले से उनसे भी बड़े शाइर हो गए। उसी फ़ारसी तहजीबयाफता उर्दू का सिलसिला फ़ैज़ और मजरूह तक सर बलंद होकर अपनी विरासत उस नई आलमी उर्दू के हवाले करके खुश है कि इसकी तमाज़त में सैकड़ों अंग्रेज़ी और दूसरी मग़रिबी ज़बानों के लफ़्ज़ (words) हिंदुस्तानी आत्मा और तमाज़त में कुछ-कुछ तहलील होकर हमारी ग़ज़ल में नई बशारतों के दरवाज़े खोल रही है।

शायद मैं यही कहना चाहता हूँ कि ग़ज़ल का शे'र और उसके पढ़ने वाले एक इकाई हैं जिन्हें किसी आउट साइडर की क़तई ज़रूरत नहीं।

मैं अपने बच्चों को समझाने के लिए ये कहना चाहता हूँ कि शाइरी में ऐसा नहीं होता कि बाप की विरासत बाप के मरने के बाद बेटे की हो जाए। ये विरासत सिर्फ़ उसको ट्रेनिंग (Training) देती है। यानी मीर के इंतिक़ाल के बाद मीर का बेटा उनके घर का वाक़ई मालिक है लेकिन ग़ज़ल में तो उसे अपना घर खुद ही बनाना पड़ेगा।

–बशीर बद्र

ग़ज़लगोई उर्फ बशीर बद्र

ग़ज़ल का स्वर्णयुग 1857 के आसपास रहा है। जिसमें ग़ालिब, जफ़र, ज़ौक़, मीरतक़ी मीर, तश्ना आदि शाइर थे। बीसवीं शताब्दी के पहिले दौर में अल्लामा इकबाल ने काव्य के स्तर पर नए प्रयोग करते हुए उर्दू की ग़ज़लों और शाइरी को सुरा और शबाब के विषयों से अलग किया और वतन परस्ती, धार्मिक-सद्भाव-सौहार्द जैसे विषयों पर अपनी क़लम चलाई।

इसके बाद के दौर में फ़ैज़ अहमद 'फ़ैज़' ने उर्दू ग़ज़ल को समसामयिक परिस्थितियों से जोड़ा। उन्होंने प्रेम की व्याख्या नए संदर्भों में की। इसी दौर में फ़िराक़ गोरखपुरी का भी ज़िक्र आता है जिन्होंने शिल्प के स्तर पर उर्दू ग़ज़ल में नए प्रयोग किए। इन्हीं के आसपास बशीर बद्र की ग़जलों ने तेज़ी के साथ नए मौलिक प्रतीकों, ताज़ी अभिव्यक्तियों को उजागर कर आज के जन-मानस को अपनी ओर आकर्षित किया, जिन्होंने बिना किसी सांप्रदायिक भेदभाव के भारतीय जन मानस में अपने मानवीय कलाम से जगह बनाकर अपना नाम बुलंद किया है, जो आधुनिक ग़ज़ल के इतिहास में मील का पत्थर है।

ग़ज़ल की पंक्ति में यदि एक पंक्ति और जोड़ी जाए तो वह बशीर बद्र की ग़ज़ल होगी। निःसंकोच ग़ज़ल की देह बशीर बद्र कहा जा सकता है। सचमुच बशीर बद्र ने अपनी ग़ज़ल को इंसानी दुख-दर्द का पर्याय बना दिया है। वे लिखते हैं–

किसी की राह में दहलीज़ पर दिए न रखो।
किवाड़ सूखी हुई लकड़ियों के होते हैं।

शाम के बाद बच्चों से कैसे मिलूँ।
अब मेरे पास कोई कहानी नहीं है।।

जहाँ भी जिस जगह पत्र-पत्रिकाओं में बशीर बद्र की ग़ज़ल प्रकाशित होती हैं।

लोग उनकी ग़ज़लों को अपनी डायरियों में नोट कर लेते हैं। मुशायरों में उनकी ग़ज़लों को सुनकर प्रत्येक व्यक्ति का मन-मस्तिष्क उन्हें कंठस्थ कर गुनगुनाता है। बड़े-बड़े उच्च शिखर पर बैठे राजनेता बशीर की पंक्तियों को अपने भाषणों के दौरान दुहराते सुनाई देते हैं। भारतीय जनता पार्टी के बेनर पर लिखी गई और अटल बिहारी वाजपेयी द्वारा दुहराई गई पंक्तियाँ हर जगह सुनाई देती हैं–

लोग टूट जाते हैं एक घर बनाने में।
तुम तरस नहीं खाते बस्तियाँ जलाने में

स्वर्गीय इंदिरा गांधी की अंतरंग संवेदना को भी बशीर बद्र की पंक्तियों ने छुआ था–

उजाले अपनी यादों के हमारे साथ रहने दो।
न जाने किस गली में ज़िन्दगी की शाम हो जाए।

श्रीमती इंदिरा गांधी ने इन दो पंक्तियों को इबारत की शक्ल में अपने बहुत क़रीब जगह दी थी और जब उनसे पूछा गया कि आप इस शाइर को जानती हैं, तब उन्होंने निहायत सादगी से जवाब दिया था–नहीं, ये पंक्तियाँ मेरे दिल-दिमाग़ को छूती हैं।

यही शे'र स्वर्गीय राष्ट्रपति ज्ञानी ज़ैलसिंह ने भी समय-समय पर अपने भाषणों-कथनों में दुहराया है। 'इंडिया टुडे' के 15 अप्रैल 90 के अंक में–'उजाले अपनी यादों के' शीर्षक से एक आलेख प्रकाशित हुआ था। राज्य सभा से जब नारायण दत्त तिवारी रिटायर हो रहे थे तब जन समूह के बीच यही शेर उन्होंने कहा था। फ़िल्म स्टार मीना कुमारी ने इस शे'र की पंक्तियों को अपने हाथों से लिखकर 'स्टार एण्ड स्टाइल' मेगज़ीन (अंग्रेज़ी पत्रिका) में प्रकाशित कराया था।

इसके पश्चात् शिमला समझौते के अवसर पर पाकिस्तान के प्रधान मंत्री श्री जुल्फ़क़ार अली भुट्टो ने अपने भाषण के दौरान बशीर बद्र का यह शेर कहा था–

दुश्मनी जम कर करो लेकिन यह गुंजाइश रहे।
जब कभी हम दोस्त बन जाएँ तो शर्मिन्दा न हों।।

और जी. टी. वी. पर अपने साक्षात्कार में विश्व सुन्दरी सुष्मिता सेन ने भावुक होकर बशीर बद्र का यह शे'र नाज़ो-अदा के साथ पढ़ा था–

कोई हाथ भी न मिलायेगा, जो गले मिलो तपाक से।
ये नए मिज़ाज का शहर है, ज़रा फ़ासले से मिला करो।।

उर्दू और हिन्दी अपने-अपने सिंहासन से उतरकर जब इस तरह आम आदमी

के पास आती हैं तो उसमें फ़र्क़ कर पाना बहुत मुश्किल होता है। बशीर बद्र ने इन दोनों भाषाओं को सहेज कर उसे सहज बना आज के आदमी के क़रीब लाने का सफल प्रयास किया है। तभी तो बशीर बद्र की ग़ज़लों की भाषा वह सहज भाषा है जो हिन्दुस्तान में ही नहीं, पाकिस्तान और बांग्लादेश में सभी वर्गों की जनता बोलती है।

बशीर बद्र अपनी शाइरी से बन्धुत्व-सौहार्द के लिए हमेशा प्रयासरत रहे हैं। इसलिए वे बिना किसी भेदभाव के भारतीय जन मानस में समाए हुए हैं। गहरे यथार्थ को रेखांकित करती हुई उनकी साहसपूर्ण अभिव्यक्तियाँ एवं भाव विचार नायाब हैं। उन्होंने अपने मौलिक चिंतन के चिराग़ को अपने रक्त से सदैव रौशन रखा है। इसलिए वे शेरो-शाइरी की दुनिया में ग़ज़ल के बादशाह माने जाते हैं। उनके तरन्नुम से निकला हुआ एक-एक शब्द भाव पानी के घूँट की तरह उतर कर दिल-दिमाग़ में अंकित हो जाता है। उनकी अन्वेषी गति-सूझ नए ताज़े प्रतीकों में प्रस्फुटित होती है। उनके द्वारा महसूस किया गया आज का वातावरण उनकी आत्मा की क़लम से जब भी सँवर कर निकलता है, वह अपने आप सूर्य की तरह दमक उठता है—

हम क्या जानें दीवारों से कैसे धूप उतरती होगी,
रात रहे बाहर जाना है, रात गए घर आना बाबा।

पलकें भी चमक उठती हैं, सोते में हमारी,
आँखों को अभी ख़्वाब, छुपाने नहीं आते।

इतने पर भी बशीर बद्र जैसे शाइर की स्थिति जो भी है स्पष्ट रूप से सामने है। वह सच्चाई से मुँह नहीं मोड़ती, उसे ज्यों का त्यों कहने में भी नहीं हिचकती—

ये फूल मुझे कोई विरासत में मिले हैं।
तुमने मिरा काँटों भरा बिस्तर नहीं देखा।।

जिसे ले गई है अभी हवा, वो वरक़ था दिल की किताब का,
कहीं आँसुओं से लिखा हुआ, कहीं आँसुओं से मिटा हुआ।

इस तरह समय के थपेड़ों में सब कुछ सहते-बैठते-उठते, चलते-मुस्कराते हुए बशीर बद्र का शाइर अभी भी मुशायरों के मंच पर तरोताज़ा है। उनकी प्रकाशित पुस्तकों में 'उजाले अपनी यादों के' और 'तुम्हारे लिए' उल्लेखनीय हैं।

24 फरवरी, 90

—माधव शुक्ल 'मनोज'

माधव शुक्ल 'मनोज' हिन्दी साहित्य के ख्यातनामा साहित्यकार हैं। शिक्षा के क्षेत्र में विशेष योगदान के लिए राष्ट्रपति एवार्ड से भी सम्मानित किए जा चुके हैं।

सोला सिंगार करने वाला मर्द–बशीर बद्र

उर्दू में ग़ालिब के बाद बशीर बद्र दूसरे ऐसे शाइर हैं जिन्होंने खुद को मुतनाजा (विवादास्पद) बनाकर हमेशा सुर्खियों में रहने की रविश अख़्तियार की है। ग़ालिब ने जहाँ नई-नई तराकीब, अलामतों और तरबीहात (प्रतीक और उपमा) से काम लेकर शाइरी के रिवायती समंदर में इंकिलाब के तूफान उठाए वहीं नस्र (गद्य) में भी सब से अलग तर्ज़ अख़्तियार करके अपने हम असरों (समकालीनों) से अज़्मत की दस्तार छीन ली। तकरीबन कुछ ऐसा अमल बशीर बद्र ने भी किया। एक तरफ़ उन्होंने रिवायती ग़ज़ल के आशिकों को पुरानी हवेलियों की सैर कराई, खूबसूरत दुलाइयों में लपेटा, देहाती और कस्बाती माहौल की ख़ुशबू, उसकी मासूमियत और वहाँ की ज़ुबान को ग़ज़ल में बरत कर मुतास्सिर किया तो दूसरी तरफ़ जदीद रूहानात (आधुनिक विचारधारा) के यकीन, नई-नई बातों और चीज़ों से दिलचस्पी रखने वालों, हर लम्हा ज़िंदगी में किसी तब्दीली के ख़्वाहिशमंद लोगों की तस्कीन का सामान भी बड़े हुनर से मुहैया किया। बर्फ़ जैसी जवान लड़की को नूरनामा पढ़ाने की कोशिश की, ग़ज़ल को पुलोवर पहनाया, कभी बेटे के बदन से जाफरान की ख़ुशबू उभारी, कहीं ग़ज़ल को माँ की तरह बविक़ार कहा और कहीं-कहीं अपनी मर्दानगी पर सोला सिंगार की तोहमत लगाई–

ये देख हिज्र तिरा कितना खूबसूरत है,
अजीब मर्द हूँ, सोला सिंगार करता हूँ।

बशीर बद्र की ये अनोखियत पसंदी उनकी तख़्लीकी (रचनात्मक) कुव्वतों से आमेज़ होकर जहाँ ग़ज़ल को नई जाहतों और आला मैयारात की मंज़िल तक ले जाती है वहीं अक्सर उनकी ग़ज़लों में डिज़्नी एडवेंचर सीरियल की कहानियों का बचकानापन भी उभर आता है। उनका शे'र तिलस्मी कहानी बन जाता है। फिर मुशायरें की ज़रूरतें भी कलाबाजियाँ खाने पर मजबूर करती हैं–

रात का इन्तेज़ार कौन करे
आज कल दिन में क्या नहीं होता।

बशीर बद्र जब नस्र (गद्य) लिखने बैठते हैं या कहीं तकरीर का मौक़ा आ जाए या फिर कोई अदबी महफिल हो तो कोई न कोई ऐसा जुमला लिख या कह जाते हैं कि सुनने और पढ़ने वाले एक मुद्दत तक चमगोइयाँ करते रहते हैं।

मैं जदीद ग़ज़ल का सबसे बड़ा शाइर हूँ। इकबाल के यहाँ तीसरे दर्ज़े की शाइरी तक मिल जाएगी। जैसे जुमले लिखना और बोलना उनका मशग़ला है। रेडियो, टी. वी. और मुशायरों से लेकर ग़ज़ल गाने वालों तक उनका खुद को प्रोजेक्ट करने का एक मंसूबा बंद सिलसिला चलता है, उनके उसी अम्ल ने उन्हें शौहरत की उन बुलंदियों तक पहुँचा दिया है जहाँ से गिरने का ख़तरा हमेशा दिल को लगा रहता है।

इसमें कोई शक नहीं के बशीर बद्र हमारे अहद की एक मोतबर आवाज़ हैं। उनकी तख़्लीकी कुव्वतों के धारों ने मजबूत चट्टानों में शिगाफ डालकर अपनी राह अलग निकाली है। और उनके बहुत से अशआर बड़ी शाइरी की बशारत (पूर्व सूचना) भी देते हैं। ताहम उन्होंने खुद को स्थापित करने में जो ज़ल्दबाजी की है उसका ख़याज़ा उन्हें अदबी सतह (साहित्यिक स्तर) पर भुगतना पड़ रहा है। शायद हज़रत अली ने किसी मौक़े पर कहा था के आदमी की मकबूलियत का अंदाज़ा उसके दोस्तों के बजाए दुश्मनों की तादाद से होता है। वाक़ई बशीर बद्र के दुश्मन उनके दोस्तों से ज़्यादा तादाद में हैं। लेकिन ये भी हकीकत है कि अब उनके दोस्त भी उनकी गल्तियों की जानिब निशानदेही करने लगे हैं। इससे महसूस होता है कि उनकी मकबूलियत की इमारत, बुनियाद से कहीं टेढ़ी रह गई है। मैंने अपनी इस मुख़्तसिर तहरीर में अगरचे बशीर बद्र की शख़्सियत के एक नफ़ी (नकारात्मक) पहलू को नुमायाँ किया है जो दुनिया के अधिकांश बड़े अदीबों, शायरों की शख़्सियत में नज़र आ रहा है, मगर महमूई तौर पर दीगर लिखने वालों की तरह मैं भी उनकी शाइरी का मोतरिफ (प्रशंसक) हूँ, जिसका ज़िक्र बार-बार सतूरे वाला (उपरोक्त पंक्तियों) में कर चुका हूँ। उनके अशआर का अनोखापन मुझे भी भाता है बशर्ते के उसमें शाइरी हो।

ये ज़ाफ़रानी पुलोवर, उसी का हिस्सा है
जो कोई दूसरी पहने, तो दूसरा ही लगे।

उर्दू शाइरी के मिज़ाज की पड़ताल

बशीर बद्र की शाइरी प्रतीकों, बिंबों और अहसासात की शाइरी है। उनकी शाइरी की विशेषता उनके शब्द के चयन और शब्दों की अर्थवत्ता में है। यहाँ शब्द बेहद नाजुक और गहरे अर्थ रखते हैं, दूसरे शब्दों में कहें कि बशीर की शाइरी बेहद मानीखेज रही है। लेकिन ताज्जुब इस बात का है कि गंभीर और प्रतीकों में उतरी शाइरी अवाम में बेहद लोकप्रिय और मकबूल है। ग़ालिब, इक़बाल, मीर के पश्चात बशीर बद्र (दूसरे निदा फ़ाज़ली) संभवतः हमारे समय के सर्वाधिक लोकप्रिय शाइर रहे हैं। दोनों शायरों की ख़ूबी इस बात में है कि हिंदी-उर्दू के भाषाई मसले, संकीर्णता और हदें तोड़कर वे शाइरी करते रहे हैं।

दोनों शाइरी की शाइरी का गुणात्मक पक्ष यह भी है कि हिंदी के लोग उन्हें हिंदी का तथा उर्दू के लोग उन्हें उर्दू का शाइर मानते हैं।

बहरहाल, बशीर बद्र हों या निदा फ़ाज़ली, दोनों मंच पर अपना कलाम पेश करते रहे हैं, लेकिन दोनों शायरों ने अपनी शाइरी की गुणवत्ता को बनाए रखा है। मंचीय शर्तें और बाज़ारवाद जितना हिंदी भाषी मंचीय ग़ज़लकारों में आया है (और ग़ज़ल अस्तरीय भी हुई है) उतना उर्दू शाइरी में नहीं आया। बशीर और निदा की शाइरी में तो क्लासिक लबो-लहजा भी एक हद तक देखा-परखा जा सकता है।

बशीर बद्र के इकाई, इमेज तथा आमद ग़ज़ल संग्रह उर्दू में प्रकाशित हो चुके हैं। हिंदी में वे बेहद चर्चित शाइर होने के बावजूद उनका हिंदी में कोई ग़ज़ल संग्रह अब तक प्रकाशित नहीं हुआ। इस कमी को विजय वाते ने महसूस किया। उन्होंने करीब पाँच सौ ग़ज़लों में से एक सौ ग़ज़लों का चयन किया। 'उजाले अपनी यादों के हमार साथ रहने दो' जैसे सर्वाधिक चर्चित शे'र मे से नाम ढूँढ़ा गया—'उजाले अपनी यादों के'। इस प्रकार बशीर साहब का पहला हिंदी ग़ज़ल संग्रह प्रकाशित हुआ। इन सौ ग़ज़लों में से पैंसठ-सत्तर ग़ज़लें उत्कृष्ट हैं, शेष तीस-पैंतीस अच्छी हैं। लेकिन वे भी बशीर बद्र की शाइरी के मिज़ाज की पैरवी करती हैं। यहाँ शे'र सामान्य

हो सकते हैं, लेकिन हल्कापन लिए नहीं। दरअसल, प्रत्येक शाइर की शाइरी का एक मे’ यार और स्तर होता है। बशीर की शाइरी की उत्कृष्टता इसी में है कि आसान शे’र की सादगी में मारक और हांट करती क्षमताएँ मौजूद हैं। यथा :

कदीम कस्बों में कैसा सुकून होता है
थके-थकाए हमारे बुजुर्ग सोते हैं

उपरोक्त शे’र के भीतर झाँककर देखें तो कस्बों की सुस्त रफ्तार, कस्बों का चेहरा, कस्बों का चरित्र एक शे’र में कथा-चित्र की भाँति उपस्थित होता है। चित्रात्मकता बशीर की शाइरी को बेहद भौतिक और भिन्न किस्म का रूप प्रदान करती है। उनके यहाँ प्रतीकों और बिंबों के निराले ठाठ मौजूद हैं, जो शाइरी को न केवल आकर्षक, संगीतमय बनाते हैं, बल्कि अर्थवान भी।

हँसी मासूम-सी बच्चों की कापी में इबारत-सी
हिरन की पीठ पर बैठे परिंदे की शरारत-सी
तथा
किसी की राह में दहलीज पर दिए न रखो
किवाड़ सूखी हुई लकड़ियों के होते हैं।

बशीर ने जदीदियत और क्लासिक के दो विभिन्न छोरों को मिलाकर जो शाइरी रची है, वह हमारे समय के यथार्थ को बड़े नफासत और विनम्र लहजे में बयान करती है।

शाइर अपने समय के प्रेम संबंधों को अति संवेदनशील और सूक्ष्म दृष्टि से देखता-परखता तथा महसूस करता है। यहाँ रिश्तों के विघटन के मार्मिक चित्र हैं। शाइर महानगरीय चेहरे के विद्रूप को समझा चुका है, इसलिए वह कहता भी है कि ‘ये नए मिज़ाज का शहर है, यहाँ दूर ही से मिला करो’ तथा यह भी कि संपन्न लोगों की हमदर्दी में जो हिकारत का भाव होता है, वह कितनी तकलीफ देता है। शाइर की संवेदना और संवेग उसे बेहतर ढंग से महसूस करते हैं :

वो जैसे सर्दियों में गर्म कपड़े दें फकीरों को
लबों पर मुस्कराहट थी मगर कैसी हिकारत-सी

बशीर बद्र की लंबी बहरों की ग़ज़ल में संगीतात्मकता हद दर्जे की है। उन ग़ज़लों को पढ़ते हुए स्वयमेव एक रिद्म उत्पन्न होने लगता है।

इन गज़लों में जो बिंब उभरते हैं वे प्राकृतिक दृश्य बनाते चलते हैं। बशीर मूलतः प्रेम और प्रकृति के शाइर हैं। यहाँ जो इश्क है, वह किसी हाड़-मांस की स्त्री की देह तक सीमित नहीं। वह इश्क देहातीत है यही वजह है कि ग़ज़लों में सुख, दुःख,

प्यार उदासी, करुणा और आनंद के विभिन्न मंजर हैं।

यहाँ रूमान एक तिलिस्म के रूप में है। कहीं-कहीं वह तिलिस्म टूटता भी है तो बशीर की शाइरी का कमजोर पक्ष उजागर होने लगता है। शाम। रेत। आँसू। बादल। पहाड़। सुबह। धूप की पीठ। मौसम। दरख्त। परिंदें तथा बारिशों के कई चित्र हैं। कई शब्द बार-बार आते हैं। वे शब्द बशीर की शाइरी की सीमा तय करते प्रतीत होते हैं। कुछ शब्दों का मोह शाइर को अपनी सीमा के खोल तथा मैनरिज्म से बाहर नहीं निकलने देता। इसके बावजूद हमारे समय की यह उत्कृष्ट शाइरी है, जिसमें शाइर की निजता और आंतरिकता तथा चेतना को स्पर्श करती अनुभूतियों के दीदार होते हैं। अंत में इसी पुस्तक से उनके तीन शे'र :

ज़िंदगी तूने मुझे कब्र से कम दी है ज़मीन
पाँव फैलाऊँ तो दीवार से डर लगता है

अंडा मछली छूकर जिनको पाप लगे
उनका पूरा हाथ लहू में डूबा है

शाम तक कितने हाथों से गुजरूँगा मैं
चायखानों में उर्दू के अख़बार-सा

—ज्ञानप्रकाश विवेक

संवेदना व संवेग को स्पर्श करती ग़ज़लें

निदा फ़ाज़ली और बशीर बद्र की शाइरी की पुस्तकें एक साथ प्रकाशित होना महज़ संयोग नहीं। उर्दू शाइरी के दो स्तंभ ग़ज़लकारों (शायरों) की शाइरी के मिज़ाज, रंग, शऊर, समझ, सोच, तसव्वुर, शब्दों के चयन, उनकी अर्थवत्ता के अतिरिक्त व्यापकता और आंतरिकता की पड़ताल के अवसर भी मिलते हैं। हिंदी के पाठकों तक दोनों शायरों का एक साथ पहुँचना उर्दू शाइरी में आए परिवर्तन और जदीदियत (नवीनता) को समझाने की भी एक राह बनती है।

निदा फ़ाज़ली व्यापकता के शाइर हैं। उनकी शाइरी ग़ज़लों, नज्मों, दोहों के जरिए संवेदना और संवेग को स्पर्श करती चलती है। बशीर बद्र जैसा यहाँ रूमान का तिलिस्म नहीं, बल्कि यहाँ उस रूमान को तोड़ने की कोशिश है। स्मृतियाँ यहाँ भी हैं, लेकिन वर्तमान समाज-व्यवस्था की विसंगति को समझाते हुए कूच करने की प्रवृत्ति कतई नहीं। इसी विसंगति से रास्ते तलाश करने और संघर्ष के जरिए जीने का शायराना अंदाज़ है–'ज़िंदगी क्या है, किताबों को हटाकर देखो', यानी अनुभवों से टकराने का फलसफा निदा की शाइरी का गुण है।

'खोया हुआ-सा कुछ' उनकी शाइरी का संग्रह बशीर बद्र के साथ-साथ प्रकाशित हुआ है। यहाँ नज्में अधिक हैं, दोहे और ग़ज़लें भी हैं। नज्मों में शाइर की वैचारिक ज़मीन के ठोस तथा पुख़्ता होने के बेहतर सबूत मिलते हैं। यहाँ भी बशीर जैसी सरलता है, लेकिन उस सरलता में सुलगती हुई मारक क्षमताएँ मौजूद हैं। यहाँ प्रतीक कम हैं। यथार्थ के साथ सीधा संवाद है। उनकी कविताएँ आरंभ में बेहद सादगी के साथ शुरू होती हैं, लेकिन मध्य में कई कथा-चित्र, कोलाज बनाती चलती हैं और अंत में चौंका सा-देती हैं।

यथा–

...जमीन माँ है
हरेक रिश्तों का आसमां है

बँटी हुई सरहदों में
सब कुछ जुड़ा हुआ है
अकेलापन
आदमी की फुरसत का फलसफा है

निदा फ़ाज़ली अकेलेपन का रोना नहीं रोते। अकेलेपन में दार्शनिकता के अवसर ढूँढ़ते हैं। दरख्त, सूरज, हवा, आकाश, चिड़िया, पहाड़, इंसान को अकेला कहाँ होने देते हैं ?

स्मृतियाँ और स्मृतियों के चित्र निदा की शाइरी के गुणात्मक पहलू हैं। उनकी कविताएँ, ग़ज़लें, दोहे एक सजीव किस्म का संसार उपस्थित करते हैं—बेहद देखाभाला, लेकिन अद्‌भुत ! उद्वेलित और मन को स्पर्श करता। इसलिए कि शाइर के स्वभाव में संकीर्णता का विरोध है। यहाँ मजहबों, मस्जिदों, मंदिरों, पुजारियों, मौलवियों की दुनिया के विपरीत शाइर का संसार है, अहसास और मुहब्बत का संसार। यथा—बेसन की सोंधी रोटी, मुझी में खुदा था, मुँह की बात, ये खून मेरा नहीं है, एक लुटी हुई बस्ती की कहानी इसी प्रकार के यथार्थवादी चिंतन को सघनता से प्रस्तुत करती कविताएँ हैं—

खुदा की हिफाज़त की ख़ातिर/पुलिस ने पुजारी के मंदिर में/मुल्ला की मस्जिद में पहरा लगाया/...खुदा इन मकानों में लेकिन कहाँ था/सुलगते मुहल्लों के दीवारो-दर में/वही जल रहा था/जहाँ तक धुआँ था/वहीं जल रहा था।

तथा

क्या जरूरी है कि हर पर्दा उठाया जाए
मेरे हालात भी अपने ही मकां से सुनिए

निदा फ़ाज़ली की शाइरी में पीड़ित, निरीह और सामान्य इंसान की बेबसी के कई मंजर, चित्र हैं। यहाँ इश्क का बहुत व्यापक फलक है। वह मानवतावादी है, मांसल नहीं। दूसरे शब्दों में निदा फ़ाज़ली का मानवतावाद सबसे बड़ा इश्क है—

ऐ शाम के फरिश्तो जरा देख के चलो
बच्चों ने साहिलों पे घरौंदे बनाए हैं

उर्दू नज्म (आजाद, छंदयुक्त) पर आलोचकों ने ये भी आरोप लगाए हैं कि वह दुरूह, अबूझ और जटिल होती है। लेकिन, निदा फ़ाज़ली की नज्में बहुत साफ़, पैनी और स्पष्ट हैं। इसलिए हैं कि स्वयं शाइर का विजन स्पष्ट और बहुत साफ़ है। यहाँ

कोई उलझन नहीं, लेकिन सादगी के भीतर छुपी अर्थवत्ता को महसूस करना लाजिमी है–

हर आदमी में होते हैं दस-बीस आदमी
जिसको भी देखना हो कई बार देखना

निदा फ़ाज़ली की नज्मों, ग़ज़लों और दोहों से गुजरते हुए एक अनुभूति यह भी होती है कि उनकी शाइरी में कबीर के बहुत सारे गुण समाए हैं। पाखंड का यहाँ भी विरोध है। मानवता के प्रति यहाँ भी करुणा है, लेकिन सलीका अपना है।

दोहों में निदा ने जो प्रयोग किए है, वे अद्भुत हैं। प्रयोग कथ्य के स्तर पर हैं। दोहों के लिए नई भावभूमि के बावजूद एक संस्कार आपेक्षित होता है, निदा फ़ाज़ली ने वही संस्कार दिया है। यही कारण है कि दोहे केवल दो पंक्तियों का जमघट नहीं, बल्कि बेहद संश्लिष्ट, व्यापक, सूक्ष्म, गहरी अनुभूतियों की कविता प्रतीत होते हैं–

सबकी पूजा एक-सी अलग-अलग हर रीत
मस्जिद जाए मौलवी, कोयल गाए गीत

बहनें चिड़ियाँ धूप की, दूर गगन से आएँ
हर आँगन मेहमान-सी, पकड़ों तो उड़ जाएँ

रस्ते को भी दोष दे, आँखें भी कर लाल
चप्पल में जो कील है, पहले उसे निकाल

निदा की शाइरी में कलात्मकता नहीं सरल-सीधे व्यवहार हैं। बच्चे यहाँ बार-बार आते हैं।

बच्चे वस्तुतः मासूम और सच्चे संसार का प्रतीक हैं। शाइरी उस सच्चे और मासूम संसार की तलाश महसूस होती है। संसार की जटिलताओं और बाज़ारवाद से उत्पन्न हुई कातरता, दुःख और करुणा दोहों में साफ़ सुनाई-दिखाई देती है। निदा फ़ाज़ली की शाइरी मनुष्यता की शाइरी है, जो इंसानों से प्रतिवाद के जरिए संवाद करती है।

–ज्ञान प्रकाश विवेक

अलग मिज़ाज

बशीर बद्र की शाइरी के इस समग्र में उनकी उर्दू पुस्तकों—इकाई, इमेज, आमद, आसमान और आहट—की ग़ज़लें संगृहीत हैं, संपादक की लंबी लेकिन चुस्त भूमिका के अतिरिक्त बशीर का एक लेख भी है (जो ख़त की सूरत में है), जिसमें उन्होंने अपनी शाइरी की ज़बान, भारतीयता तथा संस्कृति के विषय में अपने बेबाक विचार रखे हैं, उनकी शाइरी का मिज़ाज उनके समकालीनों से थोड़ा भिन्न और अनोखा, निजी, ऐंद्रिक और एक हद तक कारुणिक भी है, शाइरी में जीवन की उपस्थिति, प्रेम की सघन अनुभूतियाँ हैं। प्रकृति, करुणा, प्रेम, सौंदर्यबोध तथा मानवीयता—इन तमाम तत्त्वों से बशीर की शाइरी परिपक्व हुई है। यही वजह है कि शाइरी के काव्यानुभव सतही या रूमानी बिंब में नहीं बदलते, बल्कि प्रेम के उच्च संस्कारों की ऐसी अनुगूँजें महसूस होती हैं जिनमें उदासी की लय और स्मृतियों के अक्स मौजूद हैं।

समग्र में संगृहीत शाइरी शब्दों की महीन कशीदाकारी जैसी है, जो प्रतीकों तथा इमेजरी के सूक्ष्म रेशमी तार में गुँथी प्रतीत होती है। यह शाइरी चेतना को स्पर्श करती, एहसास की ऐसी शाइरी है जिसे पढ़ने-सुनने के अतिरिक्त, महसूस भी किया जाना लाज़िमी है। शाइरी में प्रकृति के सुखकारी दृश्य हैं। बिंब का सृजन करते हुए, तसव्वुर के जरिए शे'र को बाँधना जिसमें दृश्यात्मकता उपस्थित होती है—बशीर की शाइरी का यह फ़न है—और शिल्प कौशल भी। लेकिन प्रतीकात्मकता का प्रबल आग्रह कथ्य को स्खलित करता है। चुनांचे, विचार तत्त्व की कमी महसूस होती है। लेकिन दृश्य ज़रूर उभरता है शे'र में। एक दृश्य जिसमें शाइर का मनभावन संसार होता है, ऐसा संसार जिसमें केवल सुख है, निजता, प्रकृति है। प्रेमालाप है...कभी-कभी ऐसा भी प्रतीत होता है जैसे यह संसार महज फंतासी है। इन मुग्धकारी छवियों के बावजूद रेशमी लय, दृश्यात्मकता तथा सुकोमल भाषा से आकर्षित शाइरी का सृजन हुआ है। करख़्तगी से परहेज तथा भाषाई लोच, लचक, लय, साफ-बयानी, रवानी, और शाइरी के मिज़ाज की गहरी समझ बशीर की शाइरी की अन्य ख़ूबियाँ हैं। लंबी

बहरों में खास तरह की संगीतात्मकता, प्रेम के संवेग, भावनाओं का औदात रूप, अश्आर को मार्मिक तथा स्पंदन भरा बनाते हैं।

बशीर की शाइरी गंगा-जमुना का दो-आब है। दो संस्कृतियों का पुल है। बशीर ने आसान लेकिन प्रौढ़ और परिपक्व भाषा का सृजन किया है। शाइरी का मिज़ाज परंपरागत (प्रेमपरक) लेकिन भाषा जदीद ! यह एक ऐसी शाइरी है जिसे उर्दू में लिखें तो उर्दू ग़ज़ल, हिंदी रस्मुलखत में लिखें तो हिंदी ग़ज़ल। यही बशीर की शाइरी की विशिष्टता है और यही शाइरी का यक्सां कल्चर है। ताज्जुब इस पर भी किया जा सकता है कि ऐसी नर्मो-नाजुक शाइरी में अंग्रेज़ी के शब्द किस तरह खप गए बल्कि वे शाइरी का शानदार हिस्सा बन गए–

वो जाफरानी पुलोवर उसी का हिस्सा है

तथा

कोई फूल धूप की पत्तियों में हो रिबिन से बँधा हुआ।

शाइरी में 'मैं' और 'वो' को रिश्ता स्थूल नहीं, भावनात्मक है। स्त्री पात्र (वो) से प्रेम के क्षण पाकसाफ हैं। यह प्रेम की इंतिहा है कि प्रेम की अनुभूति, प्रार्थना में बदलती प्रतीत होती है–

उसे पाक नज़रों से चूमना भी इबादतों में शुमार है।

बशीर की शाइरी में प्रेम के काव्यानुभव इतने अमूर्त और उच्च संस्कारित हैं कि वे आध्यात्मिक लगते हैं। इस तरह की शायरी, जिसमें करुणा और प्रेम के भाव विद्यमान हों, उसकी जड़ें भौतिक संसार में नहीं, सूफियाना दर्शन, भारतीयता और आध्यात्मिकता में उतरी होती हैं।

ऐसा नहीं कि शाइर ने समाज के प्रति आँखें मूँद ली हों। उसे समाज के वैमनस्य, बढ़ती हिंसा और क्रूरता के प्रति गहरी चिंता है। समाज से वह अपने अंदाज में हमकलाम होता है :

दुश्मनी का सफर इक कदम दो कदम
तुम भी थक जाओगे, हम भी थक जाएँगे।

समग्र में बहुत उत्कृष्ट ग़ज़लें हैं, तो साधारण ग़ज़लों की भी कमी नहीं। ऐसी साधरण ग़ज़लें एक वरिष्ठ शाइर के लिए प्रश्नचिह्न की तरह हो सकती हैं। दूसरा यह भी कि शाइर की जात पूरी शाइरी पर हावी है। बँधी-बँधाई लीक तोड़ने का प्रयास कहीं दिखाई नहीं देता।

–ज्ञान प्रकाश विवेक

अल्लाह हाफ़िज़

जो कहूँगा सच कहूँगा, यही फ़ैसला किया है
जो लिखूँगा सच लिखूँगा, यही फ़ैसला किया है

बड़ा दिल-फ़रेब[1] होगा यहाँ पतझड़ों का मौसम
किसी शाख़ पर खिलूँगा, यही फ़ैसला किया है

तू बहुत दहक रहा है, तू बहुत चमक रहा है
तिरे होंठ चूम लूँगा, यही फ़ैसला किया है

वो हवा ज़रूर आए, मिरी रात साथ लाए
मैं चराग़ हूँ जलूँगा, यही फ़ैसला किया है

सरे-शाम तेरे आँसू जो ज़रा छलक पड़ेंगे
उन्हें रात भर चुनूँगा, यही फ़ैसला किया है

जो बहुत क़दीम[2] होगा, जो बहुत जदीद[3] होगा
उसे सबसे छीन लूँगा, यही फ़ैसला किया है

तिरी दोस्ती के सदक़े, तिरी दुश्मनी के क़ुरबाँ
मैं यहीं जिऊँ-मरूँगा, यही फ़ैसला किया है

---

1. मन को मोह लेने वाला, 2. पुराना, 3. आधुनिक

आग लहरा के चली है इसे आँचल कर दो
तुम मुझे रात का जलता हुआ जंगल कर दो

चाँद-सा मिस्रा[1] अकेला है मिरे काग़ज़ पर
छत पे आ जाओ मिरा शेर मुकम्मल कर दो

मैं तुम्हें दिल की सियासत[2] का हुनर देता हूँ
अब उसे धूप बना दो, मुझे बादल कर दो

अपने आँगन की उदासी से ज़रा बात करो
नीम के सूखे हुए पेड़ को संदल[3] कर दो

तुम मुझे छोड़ के जाओगे तो मर जाऊँगा
यूँ करो, जाने से पहले मुझे पागल कर दो

---

1. शेर की कोई एक पंक्ति, 2. राजनीति, 3. चंदन

सर-सर हवा में सरके है संदल[1] की ओढ़नी
झुक-झुक पलक को चूमे है काजल की ओढ़नी

मुद्दत के बाद धूप की खेती हरी हुई
अब के बरस बरस गई बादल की ओढ़नी

मौसम से मिलता-जुलता तुम्हारा मिज़ाज है
भारी कभी दिलाई, कभी हलकी ओढ़नी

कोहरे की वादियों में उतरने लगी है रात
फिर सर्दियों ने ओढ़ ली कम्बल की ओढ़नी

रेशम की चादरों-सी वो चिकनी पहाड़ियाँ
कल धूप की ढलान से क्या ढलकी ओढ़नी

ये आज है, तू आज की चादर तलाश कर
अच्छे दिनों के वास्ते रख कल की ओढ़नी

कितने लिबास शहर बदलता है शाम तक
हर रात झिलमिलाती है जंगल की ओढ़नी

कारों से झाँकते हुए ख़ुशबू के पैरहन[2]
पैदल के वास्ते वही डीज़ल की ओढ़नी

पागल-सी एक लड़की ने शायर बना दिया
ये शायरी भी है उसी पागल की ओढ़नी

शायर को ताजो-तख़्त ख़ुदा ने अता[3] किए
ख़्वाजा-सरा[4] ने ओढ़ी झलाझल की ओढ़नी

1. चन्दन 2. लिबास, 3. प्रदान, 4. हीजड़ा

बरस भी जाओ कभी बारिशों की रहमत हो
हज़ार दूर रहो तुम मिरी मुहब्बत हो

ज़रा हँसो कि यही धूप फूल बरसाए
तुम्हें ख़बर नहीं तुम कितनी ख़ूबसूरत हो

मैं तुमको ढूँढ़ रहा हूँ हज़ार जनमों से
मिलो, मिलो-न-मिलो तुम मिरी अमानत हो

उसे बुलाओ जहाँ बारिशों का नाम न हो
उसे बुलाओ जहाँ बारिशों की शिद्दत[1] हो

सफ़र सफ़र है, हमेशा सफ़र में याद रहे
तुम ऐतिबार किसी का, किसी की इज़्ज़त हो

---

1. तीव्रता, आधिक्य,

भोपाल की ग़ज़ल ने वो तरज़ें निकालियाँ
ख़्वाजा के दर पे बैठी हैं अब दिल्ली वालियाँ

मौला अली के सदक़े में दो ग़ज़लें बच गईं
पी-एच.डीयाँ ख़ुदा की क़सम चार सालियाँ

सदियों से एक बच्ची भटकती है रात में
यादों के ताक़ पर कहाँ रखी हैं बालियाँ

बेसाख़्ता[1] ग़ज़ल में तिरा नाम आ गया
हम से लिपट-लिपट गईं फूलों की डालियाँ

उर्दू के बाल-बाल में मोती पिरो गईं
अम्मी की जूतियाँ, मिरे अब्बू की गालियाँ

---

1. अनायास, खुद-बख़ुद

रात आँखों में ढली, पलकों पे जुगनू आए
हम हवाओं की तरह जाके उसे छू आए

उसका दिल दिल नहीं पत्थर का कलेजा होगा
जिसको फूलों का हुनर, आँसू का जादू आए

बस गई है मिरे अहसास में ये कैसी महक
कोई ख़ुशबू मैं लगाऊँ तिरी ख़ुशबू आए

ख़ूबसूरत हैं बहुत दुनिया के झूठे वादे
फूल काग़ज़ के लिए काँच के बाज़ू आए

उसने छू कर मुझे पत्थर से फिर इन्सान किया
मुद्दतों बाद मिरी आँख में आँसू आए

अजब मौसम है मिरे हर क़दम पे फूल रखता है
मुहब्बत में मुहब्बत का फ़रिश्ता साथ चलता है

हर आँसू में कोई तस्वीर अकसर झिलमिलाती है
तुम्हें आँखें बतायेंगी दियों में कौन जलता है

मैं जब सो जाऊँ इन आँखों पे अपने होंठ रख देना
यक़ीं आ जाएगा पलकों तले भी दिल धड़कता है

बहुत से काम रुक जाते हैं, मैं बाहर नहीं जाता
तुम्हारी याद का लम्हा कहाँ टाले से टलता है

मुहब्बत ग़म की बारिश है ज़मीं सरसब्ज़[1] होती है
बहुत से फूल खिलते हैं जहाँ बादल बरसता है

---

1. हरी-भरी

मैं तो काग़ज़ों का गुलाब था, सरे-शाम ख़ुशबू से भर गया
मैं कहाँ हूँ मुझको ख़बर नहीं, मुझे कौन छू के गुज़र गया

वो पहाड़ियों की उदास लड़की सुना है शहर चली गई
यहाँ हादिसा भी अजब हुआ कोई चाँद ज़हर खा के मर गया

ये गुलाब भी मिरा अक्स[1] है, ये सितारा भी मिरा नक़्श[2] है
मैं कभी ज़मीन में दफ़्न हूँ, कभी आसमाँ से गुज़र गया

मैं उदास चाँद का बाग़ हूँ, मैं ही मौसमों का सुराग़ हूँ
मिरी शाख़-शाख़ हरी रही, मिरा फूल-फूल बिखर गया

1. प्रतिबिम्ब, 2. चिन्ह

आँसुओं में रची ख़ुशी की तरह
रिश्ते होते हैं शायरी की तरह

जब कभी बादलों में घिरता है
चाँद लगता है आदमी की तरह

सब नज़र का फ़रेब[1] होता है
कोई होता नहीं किसी की तरह

मुस्कुराता-सा कोई शेर कहो
ज़िन्दगी की हँसी-ख़ुशी की तरह

ख़ूबसूरत, ज़हीन, बच्चों सा
वो हैं इक्कीसवीं सदी की तरह

---

1. भ्रम, धोखा

चल-चल के रुके, रुक-रुक के चले, जो दिल ने कहा वो हमने किया
सब की मानी, पर शाम ढले, जो दिल ने कहा वो हमने किया

फल-फूल रखें उन क़दमों पर जो सूरज के घर जाते हैं
ये बात कभी उतरी न गले, जो दिल ने कहा वो हमने किया

मौसम के दीनों-मज़हब को हमने अपना मज़हब जाना
फूलों के बदन पलकों से मले, जो दिल ने कहा वो हमने किया

रौशन-रौशन शाख़ों पे खिले, जब शाम ढली ताक़ों[1] में जले
मोती चमके पलकों के तले, जो दिल ने कहा वो हमने किया

मटकी, माखन, गागर छन-छन, रिमझिम-रिमझिम बरसे सावन
सुन्दर-सुन्दर गोदों में पले, जो दिल ने कहा वो हमने किया

1. दीवार में बना छोटा महराबदार खोल

तितलियों का मुझे टूटा हुआ पर[1] लगता है
दिल पे वो नाम भी लिखते हुए डर लगता है

रात आई तो सितारों भरी चादर तानी
ख़ूबसूरत मुझे सूरज का सफ़र लगता है

ये भी सोते हुए बच्चे की तरह हँसता है
आग में फूल फ़रिश्तों का हुनर लगता है

ज़िन्दगी तूने मुझे क़ब्र से कम दी है ज़मीं
पाँव फैलाऊँ तो दीवार में सर लगता है

मैं तिरे साथ सितारों से गुज़र सकता हूँ
कितना आसान मुहब्बत का सफ़र लगता है

---

1. पंख

अजनबी पेड़ों के साये में मुहब्बत है बहुत
घर से निकलो तो ये दुनिया ख़ूबसूरत है बहुत

रात तारों से उलझ सकती है, ज़र्रों से नहीं
रात को मालूम है जुगनू में हिम्मत है बहुत

मुख़्तसर[1] बातें करो, बेजा[2] वज़ाहत[3] मत करो
इस नई दुनिया के बच्चों में ज़हानत[4] है बहुत

किसलिए हम दिल जलायें, रात-दिन मेहनत करें
क्या ज़माना है, बुरे लोगों की इज़्ज़त है बहुत

सात सन्दूक़ों में भर कर दफ़्न कर दो नफ़रतें
आज इन्साँ को मुहब्बत की ज़रूरत है बहुत

लोग ज़िम्मेदारियों की क़ैद से आज़ाद हैं
शहर की मस्रूफ़ियत[5] में घर से फ़ुर्सत है बहुत

धूप से कहना मुझे किरनों का कम्बल भेज दे
गुर्बतों[6] का दौर है, जाड़े की शिद्दत है बहुत

सच अदालत से सियासत तक बहुत मस्रूफ़[7] है
झूठ बोलो, झूठ में अब भी मुहब्बत है बहुत

---

1. संक्षिप्त, 2. असंगत, बेकार, 3. विस्तार, 4. समझदारी 5. व्यस्तता, कार्य-भार, 6. निर्धनता, ग़रीबी, 7. व्यस्त

तिरी जन्नत से हिज्रत[1] कर रहे हैं
फ़रिश्ते क्या बग़ावत कर रहे हैं

हम अपने जुर्म[2] का इक़रार कर लें
बहुत दिन से ये हिम्मत कर रहे हैं

वो ख़ुद हारे हुए है ज़िन्दगी से
जो दुनिया पर हुकूमत कर रहे हैं

ज़मीं भीगी हुई है आँसुओं से
यहाँ बादल इबादत कर रहे हैं

फ़िज़ा[3] में आयतें महकी हुई हैं
कहीं बच्चे तिलावत[4] कर रहे हैं

परिन्दों के ज़मीनो-आसमाँ क्या
वतन में रह के हिज्रत कर रहे हैं

मैं अपने भाइयों से मुख़्तलिफ़[5] हूँ
वो मौसम की शिकायत कर रहे हैं

हमारी बेबसी[6] की इन्तिहा[7] है
कि ज़ालिम की हिमायत[8] कर रहे हैं

---

1. प्रस्थान, 2. अपराध, 3. वातावरण, 4. क़ुरान का पाठ 5. भिन्न, अलग, 6. मजबूरी, विवशता, 7. चरमोत्कर्ष, पराकाष्ठा, 8. समर्थन, तरफ़-दारी

मैं कब कहता हूँ वो अच्छा बहुत है
मगर उसने मुझे चाहा बहुत है

ख़ुदा इस शहर को महफ़ूज़[1] रक्खे
ये बच्चों की तरह हँसता बहुत है

मैं तुझसे रोज़ मिलना चाहता हूँ
मगर इस राह में ख़तरा बहुत है

मिरा दिल बारिशों में फूल जैसा
ये बच्चा रात में रोता बहुत है

इसे आँसू का इक क़तरा[2] न समझो
कुआँ है, और ये गहरा बहुत है

---

1. सुरक्षित, 2. जल-कण, बूँद

‘बद्र’, ‘बशीर’ सुख़नवर, नाच गली में बन्दर, अली दा मस्त क़लन्दर
शाह, वज़ीर, सिकन्दर, सब माटी के अन्दर, अली दा मस्त क़लन्दर

क्या लिखना, क्या पढ़ना, पापी पेट का भरना, बाबा सबसे डरना
क्या कॉलिज, क्या दफ़्तर! जाहिल, टीचर, अफ़सर, अली दा मस्त क़लन्दर

मजबूरी, लाचारी, मुँह देखे बेचारी, जानी माँसाहारी
छोड़ चुके तरकारी, सेब, अनार, चुक़न्दर, अली दा मस्त क़लन्दर

‘मीरी’ और ‘कबीरी’ नाम मिज़ाज बशीरी, यानी वही फ़क़ीरी
सोना, चाँदी, ज़ेवर, ले जा जानी दिलबर, अली दा मस्त क़लन्दर

‘फ़ैज़’ ‘फ़िराक़’ सवारी, ‘फ़ारूक़ी’ सरकारी, चल ‘बेकल’ दरबारी
दंगल अटल बिहारी अलख निरंजन मंतर, अली दा मस्त क़लन्दर

आग को गुलज़ार कर दे, बर्फ़ को दरिया करे
देखने वाला तिरी आवाज़ को देखा करे

उसकी रहमत ने मिरे बच्चे के माथे पर लिखा
इस परिन्दे के परों में आसमाँ सजदा करे

एक मुट्ठी ख़ाक थे हम एक मुट्ठी ख़ाक हैं
उसकी मर्ज़ी है हमें सहरा करे दरिया करे

दिन का शहज़ादा मिरा मेहमान है, आए ज़रूर
रात का भूला मुसाफ़िर भी यहाँ ठहरा करे

आज पाकिस्तान की इक शाम याद आई बहुत
क्या ज़रूरी है कि बेटी बाप से पर्दा करे

इबादतों की तरह मैं ये काम करता हूँ
मिरा उसूल है पहले सलाम करता हूँ

मुख़ालिफ़त[1] से मिरी शख़्सियत संवरती है
मैं दुश्मनों का बड़ा अहतिराम[2] करता हूँ

मैं डर गया हूँ बहुत सायादार पेड़ों से
ज़रा-सी धूप बिछाकर क़याम[3] करता हूँ

मैं अपनी जेब में अपना पता नहीं रखता
सफ़र में सिर्फ़ यही अहतिमाम[4] करता हूँ

मुझे ख़ुदा ने ग़ज़ल का दयार[5] बख़्शा है
ये सल्तनत[6] मैं मुहब्बत के नाम करता हूँ

---

1. विरोध, वैमनस्य, 2. सम्मान, 3. निवास, 4. प्रबन्ध, 5. क्षेत्र, 6. साम्राज्य

परखना मत, परखने में कोई अपना नहीं रहता
किसी भी आईने में देर तक चेहरा नहीं रहता

बड़े लोगों से मिलने में हमेशा फ़ासिला रखना
जहाँ दरिया समन्दर में मिला, दरिया नहीं रहता

हज़ारों शेर मेरे सो गए काग़ज़ की क़ब्रों में
अजब माँ हूँ, कोई बच्चा मिरा ज़िन्दा नहीं रहता

मुहब्बत एक ख़ुशबू है, हमेशा साथ चलती है
कोई इन्सान तनहाई में भी तनहा नहीं रहता

कोई बादल नये मौसम का फिर ऐलान करता है
ख़िज़ाँ[1] के बाग़ में जब एक भी पत्ता नहीं रहता

तुम्हारा शहर तो बिल्कुल नये अंदाज़ वाला है
हमारे शहर में भी अब कोई हम-सा नहीं रहता

1. पतझड़

नाम, उसी का नाम, सवेरे-शाम लिखा
शेर लिखा या ख़त, उसको गुमनाम लिखा

उस दिन पहला फूल खिला जब, पतझड़ ने
पत्ती-पत्ती जोड़ के तेरा नाम लिखा

उस बच्चे की कॉपी अकसर पढ़ता हूँ
सूरज के माथे पर जिसने शाम लिखा

कैसे दोनों वक़्त गले मिलते हैं रोज़
ये मंज़र[1] मैंने दुश्मन के नाम लिखा

हिन्दुस्तान का मज़हब दिल का मज़हब है
प्यार को पूजा, चाहत को इस्लाम लिखा

मन्दिर-मस्जिद पानी की दीवारें हैं
पानी की दीवार पे किसने नाम लिखा

'मीर' 'कबीर' 'बशीर' इसी मक्तब[2] के हैं
आ दिल के मक्तब में अपना नाम लिखा

---

1. दृश्य 2. पाठशाला, विद्यालय

आईना धूप का दरिया में दिखाता है मुझे
मेरा दुश्मन मिरे लहजे में बुलाता है मुझे

आँसुओं से मिरी तहरीर[1] नहीं मिट सकती
कोई काग़ज़ हूँ कि पानी से डराता है मुझे

सर पे सूरज की सवारी मुझे मंज़ूर नहीं
अपना क़द धूप में छोटा नज़र आता है मुझे

रोज़ कहता है कि गिरती हुई दीवार हूँ मैं
एक बादल है जो रह-रह के डराता है मुझे

दूध पीते हुए बच्चे की तरह है दिल भी
दिन में सो जाता है, रातों को जगाता है मुझे

ख़ूबसूरत है बहुत रात की तनहाई भी
सात रंगों में तिरा दर्द सजाता है मुझे

---

1. लिखा हुआ

सर से चादर, बदन से क़बा[1] ले गई
ज़िन्दगी हम फ़क़ीरों से क्या ले गई

मेरी मुट्ठी में सूखे हुए फूल हैं
खुशबुओं को उड़ा कर हवा ले गई

मैं समन्दर के सीने में चट्टान था
रात इक मौज आई बहा ले गई

हम तो काग़ज़ थे आँसू से भीगे हुए
क्यों चराग़ों की लौ तक हवा ले गई

मेरी शौहरत सियासत[2] से महफ़ूज़[3] है
ये तवायफ़ भी इस्मत[4] बचा ले गई

चाँद ने रात मुझको जगा कर कहा
एक लड़की तुम्हारा पता ले गई

---

1. चोग़ा, फ़क़ीरों-सन्तों का पहनावा 2. राजनीति, जोड़-तोड़ की पद्धति, 3. सुरक्षित, 4. आबरू, मर्यादा

ये ज़र्द[1] पत्तों की बारिश मिरा ज़वाल[2] नहीं
मिरे बदन पे किसी दूसरे की शाल नहीं

उदास हो गई इक फ़ाख़्ता[3] चहकती हुई
किसी ने क़त्ल किया है, ये इन्तिक़ाल[4] नहीं

तमाम उम्र ग़रीबी में बावक़ार[5] रहे
हमारे अहद[6] में ऐसी कोई मिसाल नहीं

मैं आसमान का टूटा हुआ सितारा हूँ
कहाँ मिली थी ये दुनिया, मुझे ख़याल नहीं

वो लाशरीक[7] है, उसका कोई शरीक कहाँ
वो बेमिसाल है, उसकी कोई मिसाल नहीं

कोई खुशी हो, मैं अपनी हदों में रहता हूँ
मिरा मलाल[8] भी हद से सिवा[9] मलाल नहीं

---

1. पीला, 2. पतन, 3. कबूतरी, 4. सामान्य मृत्यु, 5. प्रतिष्ठित, आदरणीय, 6. समय, काल
7. असम्बद्ध, 8. अफ़सोस, खेद, 9. अधिक

ये कसक दिल की दिल में चुभी रह गई
ज़िन्दगी में तुम्हारी कमी रह गई

एक मैं, एक तुम, एक दीवार थी
ज़िन्दगी आधी-आधी बँटी रह गई

रात की भीगी-भीगी छतों की तरह
मेरी पलकों पे थोड़ी नमी रह गई

मैंने रोका नहीं, वो चला भी गया
बेबसी दूर तक देखती रह गई

मेरे घर की तरफ़ धूप की पीठ थी
आते-आते इधर चाँदनी रह गई

है अजीब शहर की ज़िन्दगी, न सफ़र रहा, न क़याम[1] है
कहीं कारोबार-सी दोपहर, कहीं बद-मिज़ाज सी शाम है

कहाँ अब दुआओं की बरकतें, वो नसीहतें, वो हिदायतें
ये ज़रूरतों का ख़ुलूस[2] है, ये मुतालबों[3] का सलाम है

यूँ ही रोज़ मिलने की आरज़ू[4], बड़ी रख-रखाव की गुफ़्तगू[5]
ये शराफ़तें नहीं बेग़रज़[6], उसे आपसे कोई काम है

वो दिलों में आग लगाएगा, मैं दिलों की आग बुझाऊँगा
उसे अपने काम से काम है, मुझे अपने काम से काम है

न उदास हो, न मलाल कर, किसी बात का न ख़याल कर
कई साल बाद मिले हैं हम, तिरे नाम आज की शाम है

कोई नग़मा धूप के गाँव-सा, कोई नग़मा शाम की छाँव-सा
ज़रा इन परिन्दों से पूछना, ये कलाम किसका कलाम है

---

1. निवास, 2. आत्मीय-भाव, 3. तक़ाज़ों, 4. इच्छा, कामना 5. बातचीत, वार्तालाप, 6. अकारण, निस्वार्थ

मैं ज़मीं-ता-आसमाँ[1] वो क़ैद आतिशदान[2] में
धूप रिश्ता बन गई सूरज में और इन्सान में

मैं बहुत दिन तक चमकती धूप का आँगन रहा
एक दिन फिर यूँ हुआ शाम आ गई दालान में

किसके अन्दर क्या छुपा है कुछ पता चलता नहीं
तेल की दौलत मिली वीरान रेगिस्तान में

शक्ल, सूरत, नाम, पहनावा, ज़ुबाँ अपनी जगह
फ़र्क़ वरना कुछ नहीं इन्सान और इन्सान में

इन नई नस्लों ने सूरज आज तक देखा नहीं
रात हिन्दुस्तान में है, रात पाकिस्तान में

---

1. ज़मीन से आसमान तक, 2. भट्ठी, बड़ी-सी अँगीठी

अब तेरे मेरे बीच कोई फ़ासिला भी हो
हम लोग जब मिलें तो कोई दूसरा भी हो

तू जानता नहीं मिरी चाहत अजीब है
मुझको मना रहा है, कभी ख़ुद ख़फ़ा भी हो

तू बेवफ़ा नहीं है, मगर बेवफ़ाई कर
उसकी नज़र में रहने का कुछ सिलसिला भी हो

पतझड़ में टूटते हुए पत्तों के साथ-साथ
मौसम कभी तो बदलेगा, ये आसरा भी हो

चुपचाप उसको बैठ के देखूँ तमाम रात
जागा हुआ भी हो कोई सोया हुआ भी हो

उसके लिए तो मैंने यहाँ तक दुआयें कीं
मेरी तरह से कोई उसे चाहता भी हो

इतनी सियाह[1] रात में किसको सदायें[2] दूँ
ऐसा चराग़ दे जो कभी बोलता भी हो

---

1. काली, अंधकार मयी, 2. आवाजें

मैं घना अँधेरा हूँ, आज मेरी पलकों पर जुगनुओं के घर रख दो
ख़ुशबुओं से नहला दो इन सुलगती पलकों पर तितलियों के पर[1] रख दो

मैं भी इक शजर[2] ही हूँ जिसपे आज तक शायद फूल-फल नहीं आए
तुम मिरी हथेली पर एक रात चुपके से बर्फ़ के समर[3] रख दो

धूप का हर इक बजरा आग के समन्दर में चल पड़े हमें लेने
नर्म-नर्म होंठों से बन्द होती पलकों पर तितलियों के पर रख दो

चाहे कोई मौसम हो, दिन गई बहारों के फिर से लौट आयेंगे
एक फूल की पत्ती अपने होंठ पर रखकर मेरे होंठ पर रख दो

मेरा तन दरख़्तों में इसलिए सुलगता है, सख़्त धूप सहता है
क्या पता तुम आ निकलो और मेरे कांधों पर थक के अपना सर रख दो

रोज़ तार कटने से रात के समन्दर में शहर डूब जाता है
इसलिए ज़रूरी है कि इक दिया जलाकर तुम दिल की ताक़ पर रख दो

---
1. पंख, 2. वृक्ष, 3. फल

बेसदा[1] ग़ज़लें न लिख वीरान राहों की तरह
ख़ामुशी अच्छी नहीं आहों-कराहों की तरह

लोग होते हैं यहाँ दो-चार घंटों के लिए
ज़िन्दगी बेख़्वाब[2] है मस्रूफ़[3] राहों की तरह

तुमने दिल्ली देखी, पर दिल्ली का दुख देखा नहीं
ग़म हुकूमत कर रहे हैं कज-कुलाहों[4] की तरह

मस्जिदों में उनके दामन पर फ़रिश्तों की नमाज़
घर में रखते हैं कनीज़ें बादशाहों की तरह

हमने सब रोज़े नहीं रखे मगर उसका करम[5]
दिल में होती हैं नमाज़ें ईदगाहों की तरह

हर क़दम आँखें बिछी हैं मैं कहाँ पाँव धरूँ
रास्ता रोके हैं शाख़ें तेरी बाँहों की तरह

'बद्र' साहिब की ग़ज़ल पर रात हम रोये बहुत
जश्ने-ग़म दिल ने मनाया ख़ानक़ाहों[6] की तरह

---

1. गूंगी, बिना किसी आवाज़ के, 2. जागी हुई, 3. व्यस्त, 4. स्वाभिमानियों, 5. दया-भाव
6. पीरों-फ़क़ीरों के निवास-स्थलों

अगर यक़ीं नहीं आता तो आज़माए मुझे
वो आईना है तो फिर आईना दिखाए मुझे

अजब चराग़ हूँ, दिन-रात जलता रहता हूँ
मैं थक गया हूँ, हवा से कहो बुझाए मुझे

मैं जिसकी आँख का आँसू था, उसने क़द्र न की
बिखर गया हूँ तो अब रेत से उठाए मुझे

बहुत दिनों से मैं इन पत्थरों में पत्थर हूँ
कोई तो आए ज़रा देर तक रुलाए मुझे

मैं चाहता हूँ कि तुम ही मुझे इजाज़त दो
तुम्हारी तरह से कोई गले लगाए मुझे

उसे याद करके न दिल दुखा
जो गुज़र गया, वो गुज़र गया
कहाँ लौटकर कोई आएगा
जो गुज़र गया, वो गुज़र गया

नई सुबह है, नई शाम है,
नया शहर है, नया नाम है
जो चला गया उसे भूल जा
जो गुज़र गया, वो गुज़र गया

तिरे पास तेरा हबीब[1] है
जो नहीं मिला वो नसीब है
तिरे फूल कहते हैं मुस्कुरा
जो गुज़र गया, वो गुज़र गया

मुझे पतझड़ों की कहानियाँ
न सुना-सुना के उदास कर
नये हादिसों[2] का पता बता
जो गुज़र गया, वो गुज़र गया

---

1. प्रिय, 2. दुर्घटनाओं

कहीं धूप है कहीं चाँदनी
नहीं, दुनिया इतनी बुरी नहीं
न मलाल कर मिरे पास आ
जो गुज़र गया, वो गुज़र गया

वो वफ़ायें थीं कि जफ़ायें थीं
ये न सोच किसकी ख़तायें थीं
वो तिरा है उसको गले लगा
जो गुज़र गया, वो गुज़र गया

वो ग़ज़ल की कोई किताब था
वो गुलों में एक गुलाब था
ज़रा देर का कोई ख़्वाब था
जो गुज़र गया, वो गुज़र गया

कहीं चाँद राहों में खो गया, कहीं चाँदनी भी भटक गई
मैं चराग़ वो भी बुझा हुआ, मिरी रात कैसे चमक गई

कभी उजला-उजला सा नाम हूँ, कभी खोया-खोया कलाम[1] हूँ
मुझे सुबह किरनों से भर गई, मुझे शाम फूलों से ढक गई

तुझे भूल जाने की कोशिशें कभी कामयाब न हो सकीं
तिरी याद शाख़े-गुलाब[2] है, जो हवा चली तो लचक गई

तिरे हाथ से मिरे होंठ तक वही इन्तिज़ार की प्यास है
मिरे नाम की जो शराब थी, कहीं रास्ते में छलक गई

कभी हम मिले भी तो क्या मिले, वही दूरियाँ, वही फ़ासिले
न कभी हमारे क़दम बढ़े, न कभी तुम्हारी झिझक गई

मिरी दास्ताँ का उरूज[3] था तिरी नर्म पलकों की छाँव में
मिरे साथ था तुझे जागना तिरी आँख कैसे झपक गई

---

1. काव्य-रचना, 2. गुलाब की डाली, 3. उत्कर्ष; प्रगटन

पास से देखो जुगनू आँसू, दूर से देखो तारा आँसू
मैं फूलों की सेज पे बैठा आधी रात का तनूहा आँसू

मेरी इन आँखों ने अकसर ग़म के दोनों पहलू देखे
ठहर गया तो पत्थर आँसू, बह निकला तो दरिया आँसू

प्यार अजब तलवार है जिस पर हम दोनों के नाम लिखे हैं
टहनी-टहनी कलियाँ आँसू, तेरी आँख में मेरा आँसू

अपने बचपन का क़िस्सा है, इक तस्वीर बनाई उसने
मेंहदी वाले हाथ रचे हैं, बीच हथेली टपका आँसू

मौसम की ख़ुशबू में अकसर ग़म की ख़ुशबू मिल जाती है
आमों के बाग़ों में कैसे सावन-सावन बरसा आँसू

प्यार-पंछी, सोच-पिंजरा, दोनों अपने साथ हैं
एक सच्चा, एक झूठा, दोनों अपने साथ हैं

आसमाँ के साथ हमको ये ज़मीं भी चाहिए
भोर-बिटिया, साँझ-माता, दोनों अपने साथ हैं

आग की रफ़्तार बाँधी, फूल की बारिश हुई
धूप-परबत शाम-झरना, दोनों अपने साथ हैं

ये बदन की दुनिया-दारी और मिरा दरवेश दिल
झूठ-माटी, साँच-सोना, दोनों अपने साथ हैं

वो जवानी चार दिन की चाँदनी थी, अब कहाँ
आज बचपन और बुढ़ापा, दोनों अपने साथ हैं

मेरा और सूरज का रिश्ता बाप-बेटे का सफ़र
चन्दा-मामा, गंगा-मैया, दोनों अपने साथ हैं

जो मिला वो खो गया, जो खो गया वो मिल गया
आने वाला, जाने वाला, दोनों अपने साथ हैं

ख़ुशबू को तितलियों के परों में छुपाऊँगा
फिर नीले-नीले बादलों में लौट जाऊँगा

दीवाना-वार[1] मुझसे लिपट जाएगी हवा
मैं सुर्ख़-सुर्ख़[2] फूलों में जब मुस्कुराऊँगा

सोने के फूल-पत्ते गिरेंगे ज़मीन पर
मैं ज़र्द-ज़र्द[3] शाख़ों पे जब गुनगुनाऊँगा

धुल जायेंगी बदन पे जमी धूप की तहें
अपने लहू में आज मैं ऐसा नहाऊँगा

इक पल की ज़िन्दगी मुझे बेहद अज़ीज़ है
पलकों पे झिलमिलाऊँगा और टूट जाऊँगा

ये रात फिर न आएगी बादल बरसने दे
मैं जानता हूँ सुबह तुझे भूल जाऊँगा

---

1. दीवानों की तरह, 2. लाल-लाल, 3. पीले-पीले

मिरे साथ तुम भी दुआ करो
यूँ किसी के हक़ में बुरा न हो
कहीं और हो.न ये हादिसा[1]
कोई रास्ते में जुदा न हो

सरे-शाम ठहरी हुई ज़मीं
जहाँ आसमाँ है झुका हुआ
उसी मोड़ पर मिरे वास्ते
वो चराग़ ले के खड़ा न हो

मिरी छत से रात की सेज तक
कोई आँसुओं की लकीर है
ज़रा बढ़ के चाँद से पूछना
वो इसी तरफ़ से गया न हो

इसी अहतियात[2] में मैं रहा
इसी अहतियात में वो रहा
वो कहाँ-कहाँ मिरे साथ है
किसी और को ये पता न हो

वो फ़िराक़[3] हो कि विसाल[4] हो
तिरी आग महकेगी एक दिन
वो गुलाब बनके खिलेगा क्या
जो चराग़ बनके जला न हो

1. दुर्घटना, 2. सावधानी, 3. विरह, जुदाई, 4. मिलन

तू मुझसे तेज़ चलेगा तो रास्ता दूँगा
दुआ के फूल तिरी राह में बिछा दूँगा

अब इसके बाद कोई बेवफ़ा न पाओगे
मैं अपने-आप को इतनी बड़ी सज़ा दूँगा

अभी तो ज़िन्दगी हाइल[1] है तुझसे मिलने में
मैं आज रात ये दीवार भी गिरा दूँगा

लगा हुआ है मिरा फूल मेरे कॉलर पर
तिरे गुलाब को गुलदान में सजा दूँगा

वो चाँद जब मिरी पलकों पे फूल रखेगा
मैं अपने बच्चे को इक आसमाँ नया दूँगा

1. मध्यस्थ

वो महकती पलकों की ओट से, कोई तारा चमका था रात में
मिरी बन्द मुट्ठी न खोलिए, वही कोहे-नूर[1] है हाथ में

मैं तमाम तारे उठा-उठा के ग़रीब लोगों में बाँट दूँ
कभी एक रात वो आसमाँ का निज़ाम[2] दे मिरे हाथ में

अभी शाम तक मिरे बाग़ में, कहीं कोई फूल खिला न था
मुझे ख़ुशबुओं में बसा गया, तिरा प्यार एक ही रात में

तिरे साथ इतने बहुत से दिन, यूँ पलक झपकते गुज़र गए
हुई शाम खेल ही खेल में, गई रात बात ही बात में

कभी सात रंगों का फूल हूँ, कभी धूप हूँ, कभी धूल हूँ
मैं तमाम कपड़े बदल चुका, तिरे मौसमों की बरात में

---

1. प्रकाश-पुँज, 2. व्यवस्था, संचालन

यूँही बेसबब[1] न फिरा करो
कोई शाम घर भी रहा करो
वो ग़ज़ल की सच्ची किताब है
उसे चुपके-चुपके पढ़ा करो

कोई हाथ भी न मिलाएगा
जो गले मिलोगे तपाक से
ये नये मिज़ाज का शहर है
ज़रा फ़ासिले से मिला करो

अभी राह में कई मोड़ हैं
कोई आएगा, कोई जाएगा
तुम्हें जिसने दिल से भुला दिया
उसे भूलने की दुआ करो

मुझे इश्तिहार-सी लगती हैं
ये मुहब्बतों की कहानियाँ
जो कहा नहीं, वो सुना करो
जो सुना नहीं, वो कहा करो

कभी हुस्ने-पर्दानशीं[2] भी हो
ज़रा आशिक़ाना लिबास में
जो मैं बन-सँवर के कहीं चलूँ
मिरे साथ तुम भी चला करो

नहीं बेहिजाब[3] वो चाँद-सा
कि नज़र का कोई असर न हो
उसे इतनी गर्मी-ए-शौक़[4] से
बड़ी देर तक न तका करो

ये ख़िज़ाँ[5] की ज़र्द-सी शाल में
जो उदास पेड़ के पास है
ये तुम्हारे घर की बहार है
इसे आँसुओं से हरा करो

---

1. अकारण 2. पर्दे में रहने वाला सौन्दर्य, 3. निर्लज्ज, 4. प्रेमाधिक्य 5. पतझड़

फूल बरसे कहीं शबनम कहीं गौहर[1] बरसे
और इस दिल की तरफ़ बरसे तो पत्थर बरसे

बारिशें छत पे खुली जगह पर होती हैं मगर
ग़म वो सावन है जो इन कमरों के अंदर बरसे

कौन कहता है कि रंगों के फ़रिश्ते उतरें
कुछ भी बरसे मगर इस बार तो घर-घर बरसे

हम-से मजबूर का ग़ुस्सा भी अजब बादल है
अपने ही दिल से उठे, अपने ही दिल पर बरसे

---

1. मोती

कोई चराग़ नहीं है मगर उजाला है
अजीब रात है, सूरज निकलने वाला है

ग़ज़ब की आग है इक बेलिबास पत्थर पर
पहाड़ पर तिरी बरसात का दुशाला है

अजीब लहजा है दुश्मन की मुस्कुराहट का
मुझे गिराया कहाँ है, मुझे संभाला है

निकल के पास की मस्जिद से एक बच्चे ने
फ़साद में जली मूरत पे हार डाला है

तमाम वादी-ओ-सहरा में आग रौशन है
मुझे ख़िज़ाँ के इन्हीं मौसमों ने पाला है

सदियों की गठरी सर पर ले जाती है
दुनिया बच्ची बन कर वापिस आती है

मैं दुनिया की हद से बाहर रहता हूँ
घर मेरा छोटा है लेकिन ज़ाती है

दुनिया भर के शहरों का कल्चर यकसाँ[1]
आबादी, तनूहाई बनती जाती है

मैं शीशे के घर में पत्थर की मछली
दरिया की ख़ुशबू मुझमें क्यों आती है

पत्थर बदला, पानी बदला, बदला क्या
इन्साँ तो जज़्बाती का जज़्बाती है

काग़ज़ की कश्ती, जुगनू, झिलमिल-झिलमिल
शौहरत क्या है, इक नदिया बरसाती है

1. एक जैसा

ग़मों की आयतें शब भर छतों पे चलती हैं
इमाम-बाड़ों से सैदानियाँ निकलती हैं

अजीब आग है हमदर्दियों के मौसम की
ग़रीब बस्तियाँ बरसात ही में जलती हैं

उदासियों को सदा दिल के ताक़ में रखना
ये मोमबत्तियाँ हैं, फ़ुर्सतों में जलती हैं

रसोई-घर में ये अहसास रोज़ होता है
तिरी दुआओं के पंखे हवायें झलती हैं

ये उलझनें भी ज़रूरी हैं ज़िन्दगी के लिए
समन्दरों में यूँ ही मछलियाँ मचलती हैं

ख़ुश रहे या बहुत उदास रहे
ज़िन्दगी तेरे आस-पास रहे

इक परिन्दा उदास बैठा था
शाम के साये आस-पास रहे

ज़िन्दगी भी अजीब दरिया है
ज़िन्दगी भर उसी की प्यास रहे

रात के बाद रात आएगी
हाथ में चाँद का गिलास रहे

जब भी कसने लगा उतार दिया
इस बदन पर कई लिबास रहे

ज़िन्दगी के लिए ज़रूरी है
हर हक़ीक़त तले क़यास रहे

इस ज़मीं पर कई ख़ज़ाने हैं
इस ज़मीं पर ज़रा-सी घास रहे

आज हम सबके साथ ख़ूब हँसे
और फिर देर तक उदास रहे

इक सितारे के इन्तिज़ार में गुम
शाख़ पर फूल बद-हवास रहे

इक चेहरा साथ-साथ रहा, जो मिला नहीं
किसको तलाश करते रहे, कुछ पता नहीं

आख़िर ग़ज़ल का ताज महल भी है मक़बरा
हम ज़िन्दगी थे, हमको किसी ने जिया नहीं

तारीकियों[1] में और चमकती है दिल की धूप
सूरज तमाम रात यहाँ डूबता नहीं

शिद्दत[2] की धूप, तेज़ हवाओं के बावजूद
मैं शाख़ से गिरा हूँ, नज़र से गिरा नहीं

जिसकी मुख़ालिफ़त[3] हुई, मशहूर हो गया
इन पत्थरों से कोई परिन्दा गिरा नहीं

किसने जलाईं बस्तियाँ, बाज़ार क्यों लुटे
मैं चाँद पर गया था मुझे कुछ पता नहीं

1. अँधेरों, 2. तीव्रता, 3. विरोध

वो शाख़ है न फूल, अगर तितलियाँ न हों
वो घर भी कोई घर है जहाँ बच्चियाँ न हों

पलकों से आँसुओं की महक आनी चाहिए
ख़ाली है आसमान अगर बदलियाँ न हों

दुश्मन को भी ख़ुदा कभी ऐसा मकाँ न दे
ताज़ा हवा की जिसमें कहीं खिड़कियाँ न हों

मैं पूछता हूँ मेरी गली में वो आए क्यों
जिस डाकिये के पास तिरी चिट्ठियाँ न हों

अच्छी आँखें सच्चे दिल पूजा करें
आ सनम-ख़ानों में हम सजदा करें

फूल जैसे ख़ूबसूरत ज़ख़्म हैं
ज़िन्दगी से क्या गिला-शिकवा करें

जब वो आएगा, ज़माना आएगा
हम अकेले हैं, अकेले क्या करें

आओ जानाँ![1] बादलों के साथ-साथ
धूप जाती है कहाँ पीछा करें

पलकाँ-पलकाँ रात भर शबनम चुनें
क़तरा-क़तरा[2] जोड़ कर दरिया करें

दूर जायें, दूर से बातें करें
पास आयें, पास से देखा करें

ये मज़ा लेने का मौसम फिर कहाँ
रहमतों की रात है, सजदा करें

---

1. प्रिय, 2. बूँद-बूँद

ख़त में बारीकियाँ चमकती हैं
फूल-सी उँगलियाँ चमकती हैं

चाँद सोकर उठा है कमरे में
दूर से खिड़कियाँ चमकती हैं

घर में इक रौशनी सी होती है
काँच की चूड़ियाँ चमकती हैं

इक गुलाबी-गुलाबी काग़ज़ पर
आज भी तितलियाँ चमकती हैं

मेरे हाथों की इन लकीरों में
मेरी महरूमियाँ[1] चमकती हैं

1. असफलतायें

वो जहाँ थे, वहीं खड़े होंगे
जो किसी बात पर अड़े होंगे

पालनों में कहीं पड़े होंगे
कल जो सूरज बहुत बड़े होंगे

अब नये ज़हन[1] और आयेंगे
इम्तिहानात[2] भी कड़े होंगे

एक छोटे-से सायबाँ[3] के लिए
उम्र भर धूप से लड़े होंगे

ताज-दारों के सर-चढ़े हीरे
आज पापोश[4] में जड़े होंगे

मैं उठाकर ग़ज़ल बना दूँगा
लफ़्ज़[5] जितने गिरे पड़े होंगे

सात रंगों के सात ताज महल
एक दीवार में जड़े होंगे

धूप कब तक मुझे सताएगी
कल मिरे पेड़ भी हरे होंगे

कितने लहजे बशीर 'बद्र' हुए
अपने पैरों पे कब खड़े होंगे

---

1. प्रतिभायें, दिमाग़, 2. परीक्षायें, 3. छज्जा, 4. जूता 5. शब्द

किताबें, रिसाले[1] न अख़बार पढ़ना
मगर दिल को हर रात इक बार पढ़ना

बड़ी पुर-सुकूँ[2] धूप जैसी वो आँखें
किसी शाम झीलों के उस पार पढ़ना

सियासत[3] की अपनी अलग इक ज़बाँ है
लिखा हो जो इक़रार, इन्कार पढ़ना

मैं काग़ज़ की तक़दीर पहचानता हूँ
सिपाही को आता है तलवार पढ़ना

ज़बानों की ये ख़ूबसूरत इकाई
ग़ज़ल के परिन्दों का अश्आर[4] पढ़ना

---

1. पत्रिकायें, 2. सुकून (आनन्दानुभूति) से परिपूर्ण, 3. राजनीति, 4. शेर

चमक रही है परों में उड़ान की ख़ुशबू
बुला रही है बहुत आसमान की ख़ुशबू

भटक रही है पुरानी दुलाइयाँ ओढ़े
हवेलियों में मिरे ख़ानदान की ख़ुशबू

सुना के कोई कहानी हमें सुलाती थी
दुआओं जैसी बड़े पानदान की ख़ुशबू

वो इत्र-दान-सा लहजा मिरे बुज़ुर्गों का
रची-बसी हुई उर्दू ज़बान की ख़ुशबू

हमारी शाख़ पे इक फूल खिलने वाला है
बदन से आने लगी ज़ाफ़रान की ख़ुशबू

इमारतों की बुलन्दी पे कोई मौसम क्या
कहाँ से आ गई कच्चे मकान की ख़ुशबू

गुलों पे लिखती हुई ला इलाह इल्लल्लाह
पहाड़ियों से उतरती अज़ान की ख़ुशबू

अब धूप भूल जाइए, सूरज यहाँ नहीं
ऐसी ज़मीं मिली है जहाँ आसमाँ नहीं

काग़ज़ पे रात अपनी सियाही बिछा गई
कोई लकीर तेरे मिरे दरमियाँ नहीं

ये राज़ अब खुला तिरी नाराज़गी के बाद
तू मेहरबाँ नहीं, तू कोई मेहरबाँ नहीं

दिल ने तुम्हारी याद में सबको भुला दिया
इस ताक़ में चराग़ है लेकिन धुआँ नहीं

जा उसका नाम लिख दे गुलाबों की शाख़ पर
फूलों के आस-पास अगर तितलियाँ नहीं

'मीरा', 'कबीर', 'चिश्ती'-ओ-'नानक' के प्यार को
जो देश भूल जाए वो हिन्दोस्ताँ नहीं

ग़ज़ालाँ![1] देखना दिलदार तारों की अटारी में
मिरे नैनाँ के दोनों पट खुले हैं इन्तिज़ारी में

कभी कहते हो अब आए, कभी कहते हो तब आए
हमारी जान जाएगी तुम्हारी इन्तिज़ारी में

हमन को आशिक़ी की आग फूलों में बसाती है
फ़रिश्ते राख हो जाते हैं सूरज की सवारी में

परिन्दों के शिकाराँ से ख़ुदा नाराज़ होवे है
किसी दिन चाँद को ज़ख़्मी करोगे चाँद-मारी में

ख़िज़ाँ की घास पर छलकाट की चादर बिछा दी है
बटन सोने के टाँके हैं तुम्हारी छोलदारी में

तुम्हारे हाथ में मश्रिक़,[2] तुम्हारे पाँव पर मग़्रिब[3]
दुपट्टा और कंगन क्या जमे जानाँ सफ़ारी में

1. ऐ मृग-शावको! 2. पूर्व दिशा, 3. पश्चिम

सूरज-चन्दा जैसी जोड़ी हम दोनों
दिन का राजा, रात की रानी हम दोनों

जगमग-जगमग दुनिया का मेला झूठा
सच्चा सोना, सच्ची चाँदी हम दोनों

घर-घर दुख-सुख का इक दीपक जले-बुझे
हर दीपक में तेल और बाती हम दोनों

इक-दूजे से मिल कर पूरे होते हैं
आधी-आधी एक कहानी हम दोनों

मैं दहलीज़ का दीपक हूँ, आ तेज़ हवा
रात गुज़ारें अपनी-अपनी हम दोनों

दालानों की धूप, छतों की शाम कहाँ
घर से बाहर घर जैसा आराम कहाँ

लोगों को सूरज का धोखा होता है
आँसू बन कर चमका मेरा नाम कहाँ

मैं उसको पहचान नहीं पाया तो क्या
याद उसे भी आया मेरा नाम कहाँ

बाज़ारों की चहल-पहल से रौशन हैं
इन आँखों में मन्दिर जैसी शाम कहाँ

दिन भर सूरज किसका पीछा करता है
रोज़ पहाड़ी पर जाती है शाम कहाँ

माटी की कच्ची गागर को क्या खोना, क्या पाना, बाबा
माटी को माटी रहना है, माटी में मिल जाना बाबा

हम क्या जानें दीवारों से कैसे धूप उतरती होगी
रात रहे बाहर जाना है, रात गए घर आना बाबा

जिस लकड़ी को अन्दर-अन्दर दीमक बिल्कुल चाट चुकी हो
उसको ऊपर से चमकाना, राख पे धूप जमाना बाबा

छत के ऊपर बादल बरसें, छत के नीचे अपनी आँखें
तन की इस गीली मिट्टी को घुल-धुल कर बह जाना बाबा

प्यार की गहरी फुँकारों से सारा बदन आकाश हुआ है
दूध पिलाना, तन डसवाना, है दस्तूर पुराना बाबा

इन ऊँचे शहरों मे पैदल सिर्फ़ देहाती ही चलते हैं
हमको बाज़ारों से इक दिन काँधे पर ले जाना बाबा

पानी के हम झूटे मोती कैसे पलकों पर रुक जायें
नद्दी को दरिया, दरिया को सागर में मिल जाना बाबा

धूप नई पोशाकें बदले मौसम की कश्ती पर तैरे
राख का कुर्ता, धूल की लुँगी, अपना भेस पुराना बाबा

अच्छा तुम्हारे शहर का दस्तूर हो गया
जिसको गले लगा लिया वो दूर हो गया

काग़ज़ में दब के मर गए कीड़े किताब के
दीवाना बिन पढ़े-लिखे मशहूर हो गया

सुबहे-विसाल[1] पूछ रही है अजब सवाल
वो पास आ गया कि बहुत दूर हो गया

तनहाइयों ने तोड़ दी हम दोनों की अना[2]
आईना बात करने पे मजबूर हो गया

महलों में हमने कितने सितारे सजा दिए
लेकिन ज़मीं से चाँद बहुत दूर हो गया

1. मिलन के बाद की सुबह, 2. अहं

अगर तलाश करूँ, कोई मिल ही जायेगा
मगर तुम्हारी तरह कौन मुझको चाहेगा

तुम्हें ज़रूर कोई चाहतों से देखेगा
मगर वो आँखें हमारी कहाँ से लायेगा

तुम्हारे साथ ये मौसम फ़रिश्तों जैसा है
तुम्हारे बाद ये मौसम बहुत सतायेगा

मैं अपनी राह में दीवार बनके बैठा हूँ
अगर वो आया तो किस रास्ते से आयेगा

न जाने कब तिरे दिल पर किसी की दस्तक हो
मकान ख़ाली हुआ है तो कोई आयेगा

(1)

उजाले अपनी यादों के हमारे साथ रहने दो
न जाने किस गली में ज़िन्दगी की शाम हो जाए

(2)

जिस दिन से चला हूँ मिरी मंज़िल पे नज़र है
आँखों ने कभी मील का पत्थर नहीं देखा

(3)

उन्हीं रास्तों ने, जिन पर कभी तुम थे साथ मेरे
मुझे रोक-रोक पूछा, तिरा हमसफ़र कहाँ है

(4)

देने वाले ने दिया सब कुछ अजब अन्दाज़ से
सामने दुनिया पड़ी है और उठा सकते नहीं

(5)

चाँद-चेहरा, ज़ुल्फ़-दरिया, बात-ख़ुशबू, दिल-चमन
इक तुझे देकर ख़ुदा ने दे दिया क्या-क्या मुझे

(6)

हम-से मजबूर का ग़ुस्सा भी अजब बादल है
अपने ही दिल से उठे, अपने ही दिल पर बरसे

(7)

वो फ़रिश्ते आप तलाश करिए कहानियों की किताब में
जो बुरा कहें न बुरा सुनें, कोई शख़्स जिनसे ख़फ़ा न हो

(8)

कई सितारों को मैं जानता हूँ बचपन से
कहीं भी जाऊँ मिरे साथ-साथ चलते हैं

(9)

दुनिया में कहीं उनकी तालीम नहीं होती
दो-चार किताबों को घर में पढ़ा जाता है

(10)

उसके लिए तो मैंने यहाँ तक दुआयें कीं
मेरी तरह से कोई उसे चाहता भी हो

(11)

फिर उसके बाद मुझे आज तक ज़मीं न मिली
ज़रा-सी उम्र थी जब तनहा पहली बार उड़ा

(12)

इतनी मिलती है मेरी ग़ज़लों से सूरत तेरी
लोग तुझको मिरा महबूब समझते होंगे

(13)

पलकें भी चमक उठती हैं सोते में हमारी
आँखों को अभी ख़्वाब छुपाने नहीं आते

(14)

दुश्मनी का सफ़र, इक क़दम दो क़दम
तुम भी थक जाओगे, हम भी थक जायेंगे

(15)

रात तेरी यादों ने दिल को इस तरह छेड़ा
जैसे कोई चुटकी ले नर्म-नर्म गालों में

(16)

सुना के कोई कहानी हमें सुलाती थी
दुआओं जैसी बड़े पानदान की ख़ुशबू

(17)

मिरे दिल की राख कुरेद मत, इसे मुस्कुरा के हवा न दे
ये चराग़ फिर भी चराग़ है, कहीं तेरा हाथ जला न दे

(18)

ये मुहब्बतों की कहानियाँ भी बड़ी अजीबो-ग़रीब हैं
तुझे मेरा प्यार नहीं मिला, मुझे उसका प्यार नहीं मिला

(19)

वो महकती पलकों की ओट से, कोई तारा चमका था रात में
मिरी बन्द मुट्ठी न खोलिए, वही कोहे-नूर है हाथ में

(20)

मैं तमाम तारे उठा-उठा के ग़रीब लोगों में बाँट दूँ
कभी एक रात वो आसमाँ का निज़ाम दे मिरे हाथ में

(21)

तुम मिरी ज़िन्दगी हो ये सच है
ज़िन्दगी का मगर भरोसा क्या

(22)

तुम अभी शहर में क्या नये आये हो
रुक गए राह में हादिसा देखकर

(23)

जी बहुत चाहता है सच बोलें
क्या करें हौसला नहीं होता

(24)

वो इत्रदान-सा लहजा मिरे बुज़ुर्गों का
रची-बसी हुई उर्दू ज़बान की ख़ुशबू

(25)

मुहब्बत के ख़रीदाराँ, मियाँ ऊपर से आते हैं
मुहब्बत ज़िन्दगी देकर अगर मिल जाए सस्ती है

(26)

जिसे ले गई है अभी हवा वो वरक़[1] था दिल की किताब का
कहीं आँसुओं से मिटा हुआ, कहीं आँसुओं से लिखा हुआ

(27)

आँखों में रहा, दिल में उतर कर नहीं देखा
कश्ती के मुसाफ़िर ने समन्दर नहीं देखा

(28)

पत्थर मुझे कहता है मिरा चाहने वाला
मैं मोम हूँ, उसने मुझे छूकर नहीं देखा

(29)

वही ख़त कि जिस पे जगह-जगह दो महकते होंठों के चाँद थे
किसी भूले-बिसरे से ताक़ पर तहे-गर्द होगा दबा हुआ

(30)

ये फूल मुझे कोई विरासत में मिले हैं
तुमने मिरा काँटों भरा बिस्तर नहीं देखा

(31)

यहाँ लिबास की क़ीमत है, आदमी की नहीं
मुझे गिलास बड़ा दे, शराब कम कर दे

(32)

इस तरह साथ निभना है दुश्वार-सा
मैं भी तलवार-सा, तू भी तलवार-सा

(33)

किसी ने चूम के आँखों को ये दुआ दी थी
ज़मीन तेरी ख़ुदा मोतियों से नम कर दे

(34)

पहली बार नज़रों ने चाँद बोलते देखा
हम जवाब क्या देते, खो गए सवालों में

(35)

कभी यूँ भी आ मिरी आँख में कि मिरी नज़र को ख़बर न हो
मुझे एक रात नवाज़ दे, मगर उसके बाद सहर[1] न हो

(36)

मैं हर हाल में मुस्कुराता रहूँगा
तुम्हारी मुहब्बत अगर साथ होगी

(37)

उसे पाक नज़रों से चूमना भी इबादतों में शुमार है
कोई फूल लाख क़रीब हो, कभी मैंने उसको छुआ नहीं

(38)

मिरे साथ चलने वाले तुझे क्या मिला सफ़र में
वही दुख भरी ज़मीं है, वही ग़म का आसमाँ है

(39)

किसी की याद में दहलीज़ पर दिये न रखो
किवाड़ सूखी हुई लकड़ियों के होते हैं

(40)

सवेरे मेरी इन आँखों ने देखा
खुदा चारों तरफ़ बिखरा पड़ा है

(41)

हर रोज़ हमें मिलना, हर रोज़ बिछड़ना है
मैं रात की परछाई, तू सुबह का चेहरा है

(42)

बहुत गुबार भरा था दिलों में दोनों के
मगर वो एक ही बिस्तर पे रात सोये भी

(43)

सब समझते हैं वही रात की क़िस्मत होगा
जो सितारा कि बुलन्दी पे नज़र आता है

(44)

पला-बढ़ा हूँ अभी तक इन्हीं अँधेरों में
मैं तेज़ धूप से कैसे नज़र मिलाऊँगा

(45)

ये बात लोगों को शायद पसन्द आई नहीं
मकान छोटा था लेकिन बहुत सजाया था

(46)

हम भी दरिया हैं, हमें अपना हुनर मालूम है
जिस तरफ़ भी चल पड़ेंगे रास्ता हो जाएगा

(47)

ग़ज़लों का हुनर अपनी आँखों को सिखायेंगे
रोयेंगे बहुत लेकिन आँसू नहीं आयेंगे

(48)

कह देना समन्दर से हम ओस के मोती है
दरिया की तरह तुझसे मिलने नहीं आयेंगे

(49)

वो ज़ाफ़रानी पुलोवर उसी का हिस्सा है
कोई जो दूसरा पहने तो दूसरा ही लगे

(50)

दुश्मनी जम कर करो लेकिन ये गुँजाइश रहे
जब कभी हम दोस्त बन जायें तो शर्मिन्दा न हों

(51)

जिस तरह वापिस कोई ले जाए अपनी चिट्ठियाँ
जाने वाला इस तरह से कर गया तनहा मुझे

(52)

दिल वो दरवेश है जो आँख उठाता ही नहीं
इसके दरवाज़े पे सौ अहले-करम आते हैं

(53)

खुदा की इतनी बड़ी काइनात में मैंने
बस एक शख़्स को माँगा, मुझे वही न मिला

(54)

शौहरत की बुलन्दी भी पल भर का तमाशा है
जिस डाल पे बैठे हो, वो टूट भी सकती है

(55)

मैं चुप रहा तो और ग़लत-फ़हमियाँ बढ़ीं
वो भी सुना है उसने, जो मैंने कहा नहीं

(56)

मुसाफ़िर हैं हम भी, मुसाफ़िर हो तुम भी
किसी मोड़ पर फिर मुलाक़ात होगी

(57)

साहिल पे रुक गये थे ज़रा देर के लिए
आँखों से दिल में कितने समन्दर उतर गये

(58)

शाम के बाद कचहरी का थका सन्नाटा
बुगुनाही को अदालत के हुनर याद आये

(59)

मैं आग था फूलों में तब्दील हुआ कैसे
बच्चों की तरह किसने चूमा मिरे गालों को

(60)

कोई हाथ भी न मिलाएगा, जो गले मिलोगे तपाक से
ये नये मिज़ाज का शहर है, ज़रा फ़ासिले से मिला करो

(61)

मिरे साथ तुम भी दुआ करो, यूँ किसी के हक़ में बुरा न हो
कहीं और हो न ये हादिसा, कोई रास्ते में जुदा न हो

(62)

कुछ तो मजबूरियाँ रही होंगी
यूँ कोई बेवफ़ा नहीं होता

(63)

वो चाँदनी का बदन, ख़ुशबुओं का साया है
बहुत अज़ीज़ हमें है मगर पराया है

(64)

मिरी सुबह तेरे सलाम से, मिरी शाम तेरे ही नाम से
तिरे दर को छोड़ के जाऊँगा, ये ख़याल दिल से निकाल दे

(65)

उतर भी आओ कभी आसमाँ के ज़ीने से
तुम्हें खुदा ने हमारे लिए बनाया है

(66)

सरे-राह कुछ भी कहा नहीं, कभी उसके घर मैं गया नहीं
मैं जनम-जनम से उसी का हूँ, उसे आज तक ये पता नहीं

(67)

ये खुदा की देन अजीब है, कि इसी का नाम नसीब है
जिसे तूने चाहा वो मिल गया, जिसे मैंने चाहा मिला नहीं

(68)

उसे किसी की मुहब्बत का ऐतिबार नहीं
उसे ज़माने ने शायद बहुत सताया है

(69)

कई मील रेत को चीर कर कोई मौज फूल खिला गई
कोई पेड़ प्यास से मर रहा है नदी के पास खड़ा हुआ

(70)

गुरूर उसपे बहुत सजता है, मगर कह दो
इसी में उसका भला है गुरूर कम कर दे

(71)

तुमने देखा है किसी मीरा को मन्दिर में कभी
एक दिन उसने खुदा से इस तरह माँगा मुझे

(72)

तहरीरो-गुफ़्तगू में किसे ढूँढ़ते हैं लोग
तस्वीर में भी शक्ल हमारी न आएगी

(73)

मिरे साथ जुगनू है हमसफ़र मगर इस शरर की बिसात क्या
ये चराग़ कोई चराग़ है, न जला हुआ, न बुझा हुआ

(74)

मेरी मुट्ठी में सुलगती रेत रख कर चल दिया
कितनी आवाज़ें दिया करता था ये दरिया मुझे

(75)

पत्थर के जिगर वालो! ग़म में वो रवानी है
ख़ुद राह बना लेगा, बहता हुआ पानी है

(76)

हर बात में महके हुए जज़्बात की ख़ुशबू
याद आई बहुत पहली मुलाक़ात की ख़ुशबू

(77)

चराग़ों को आँखों में महफ़ूज़ रखना
बड़ी दूर तक रात ही रात होगी

(78)

कोई काग़ज़ न था लिफ़ाफ़े में
सिर्फ़ तितली का एक पर निकला

(79)

कभी तो आसमाँ से चाँद उतरे जाम हो जाए
तुम्हारे नाम की इक ख़ूबसूरत शाम हो जाए

(80)

मुझे मालूम है उसका ठिकाना फिर कहाँ होगा
परिन्दा आसमाँ छूने में जब नाकाम हो जाए

(81)

ये चराग़ बे-नज़र है, ये सितारा बे-जुबाँ है
अभी तुमसे मिलता-जुलता कोई दूसरा कहाँ है

(82)

दहकती धूप समन्दर है, ये जज़ीरे[1] हैं
घने दरख़्त जो सड़कों पे साया करते हैं

(83)

अख़बार में तो ऐसी कोई ख़बर नहीं थी
झुलसे मकान झूठे अफ़साने कह रहे हैं

(84)

याद अब ख़ुद को आ रहे हैं हम
कुछ दिनों तक ख़ुदा रहे हैं हम

(85)

अब हमें देख भी न पाओगे
इतने नज़दीक आ रहे हैं हम

(86)

कोई न जान सका वो कहाँ से आया था
और उसने धूप से बादल को क्यों मिलाया था

(87)

मुहब्बतों में दिखावे की दोस्ती न मिला
अगर गले नहीं मिलता तो हाथ भी न मिला

(88)

सर झुकाओगे तो पत्थर देवता हो जाएगा
इतना मत चाहो उसे, वो बेवफ़ा हो जाएगा

(89)

अब मिले हम तो कई लोग बिछड़ जायेंगे
इन्तिज़ार और करो अगले जनम तक मेरा

(90)

वक़्त सौ मुन्सिफ़ों का मुन्सिफ़ है
वक़्त आएगा इन्तिज़ार करो

(91)

खुशबू की तरह आया तो तेज़ हवाओं में
माँगा था जिसे हमने दिन-रात दुआओं में

(92)

धूप का प्यार ख़ूबसूरत है
आग के फूल भी सुहाने हैं

(93)

ज़िन्दगी तूने मुझे क़ब्र से कम दी है ज़मीं
पाँव फैलाऊँ तो दीवार में सर लगता है

(94)

परखना मत, परखने से कोई अपना नहीं रहता
किसी भी आईने में देर तक चेहरा नहीं रहता

(95)

बड़े लोगों से मिलने में हमेशा फ़ासिला रखना
जहाँ दरिया समन्दर में मिला दरिया नहीं रहता

(96)

लोग टूट जाते हैं एक घर बनाने में
तुम तरस नहीं खाते बस्तियाँ जलाने में

(97)

सब हैं किरदार इक कहानी के
वरना शैतान क्या फ़रिश्ता क्या

(98)

तुम छत पे नहीं आये, मैं घर से नहीं निकला
ये चाँद बहुत भटका सावन की घटाओं में

(99)

ग़ज़लें अब तक शराब पीती थीं
नीम का रस पिला रहे हैं हम

अलिफ़ अलिफ़ है उसे शीन क़ाफ़ करते नहीं
दिलो-दिमाग़ मेरे इख़्तिलाफ़ करते नहीं

ज़हीन साँप सदा आस्तीं में रहते हैं
ज़ुबाँ से कहते हैं, दिल से मुआफ़ करते नहीं

ये दिल है, कमरे की बत्ती बुझा के सोता है
मगर दिमाग़ का हम मेन ऑफ़ करते नहीं

कहो तो ओस बिछा दूँ शहर की पलकों पर
ग़ज़ल ग़ज़ल है इसे हम लिहाफ़ करते नहीं

ख़िराज लेते हैं लेकिन ज़रा सलीक़े से
किसी वज़ीर के घर का तवाफ़ करते नहीं

वो जानते हैं चराग़ों में कौन जलता है
मगर ज़ुबाँ से अभी ऐतिराफ़ करते नहीं

'असद' से कहियो कि अब तर्जुमे हज़्फ़ कर दें
कि डुप्लीकेट का हम ऐतिराफ़ करते नहीं

धड़कन धड़कन धड़क रहा है अल्लाह तेरो नाम
पंछी पंछी चहक रहा है अल्लाह तेरो नाम

बच्चों की भोली बातों में उजली उजली धूप
गुंचा गुंचा चटक रहा है अल्लाह तेरो नाम

पतझड़ भीगे चांद नहाए पहली पहली बारिश
आंसू आंसू ढलक रहा है अल्लाह तेरो नाम

हर गर्मी सर्दी की शिद्दत में रहमत की शाल
मौसम मौसम चहक रहा है अल्लाह तेरो नाम

अम्बर सोना, धरती चांदी, माटी हीरा मोती
बाहर भीतर चमक रहा है अल्लाह तेरो नाम

चादर झीनी, रेशम ऊनी, करघे हुए मशीनी
दहक रहा है चमक रहा है अल्लाह तेरो नाम

धुंधले धुंधले लफ़्ज़ों को ताबानी देदे मौला
दमक रहा है खनक रहा है अल्लाह तेरो नाम

झिलमिल झिलमिल रौशन आँखें रोते हँसते बच्चों की
मोती मोती चमक रहा है अल्लाह तेरो नाम

सात समंदर की गहराई पानी की तहरीर
लहर लहर में लहक रहा है अल्लाह तेरो नाम

जमना जी की तट पर गूंजे तेरे नाम की मुरली
गंगा जी में झलक रहा है अल्लाह तेरो नाम

मंदिर मस्जिद बनते हैं—बनते बनते मिट जाते हैं
चमक रहा था चमक रहा है अल्लाह तेरो नाम

●●●